iCourse · 课程

"形势与政策"在线开放课程

形势与政策

XINGSHI YU ZHENGCE

2022—2023学年

【第二学期】

本书编写组

高等教育出版社 · 北京

图书在版编目（CIP）数据

形势与政策. 2022—2023学年. 第二学期/《形势与政策2022—2023学年（第二学期）》编写组编. --北京：高等教育出版社，2023.3
ISBN 978-7-04-053152-7

Ⅰ.①形… Ⅱ.①形… Ⅲ.①时事政策教育-高等学校-教材 Ⅳ.①G641.41

中国国家版本馆CIP数据核字（2023）第032055号

策划编辑	侯良健	责任编辑 夏 阳 张 浩 高上尚		封面设计	李树龙
版式设计	童 丹	责任校对 刘丽娴		责任印制	韩 刚

出版发行	高等教育出版社	网 址	http://www.hep.edu.cn
社 址	北京市西城区德外大街4号		http://www.hep.com.cn
邮政编码	100120	网上订购	http://www.hepmall.com.cn
印 刷	涿州市星河印刷有限公司		http://www.hepmall.com
开 本	787mm×960mm 1/16		http://www.hepmall.cn
印 张	9		
字 数	120千字	版 次	2023年3月第1版
购书热线	010-58581118	印 次	2023年3月第1次印刷
咨询电话	400-810-0598	定 价	23.00元

本书如有缺页、倒页、脱页等质量问题，请到所购图书销售部门联系调换
版权所有 侵权必究
物 料 号 53152-00

前　言

一、"形势与政策"是一门什么样的课程?

"形势与政策"是 1987 年国家教委在大学生思想政治教育课程中设置的一门必修课，至今已有 30 多年的历史。自该课程开设以来，随着形势发展变化和高校思想政治理论课建设的进展，国家有关主管部门在总结经验的基础上，多次印发文件，就课程的性质、特点和新任务新要求作出明确规定，持续推动课程建设走向深入。

2004 年 11 月，中共中央宣传部、教育部联合印发了《关于进一步加强高等学校学生形势与政策教育的通知》（教社政〔2004〕13 号）。该通知强调：形势与政策教育要坚持以马克思列宁主义、毛泽东思想、邓小平理论和"三个代表"重要思想为指导，牢固树立和认真落实科学发展观，紧密结合全面建设小康社会的实际，针对学生关注的热点问题和思想特点，帮助学生认清国内外形势，教育和引导学生全面准确地理解党的路线、方针和政策，坚定在中国共产党领导下走中国特色社会主义道路的信心和决心，积极投身改革开放和现代化建设伟大事业。

2018 年 4 月，教育部印发《关于加强新时代高校"形势与政策"课建设的若干意见》（教社科〔2018〕1 号），进一步强调："形势与政策"课是理论武装时效性、释疑解惑针对性、教育引导综合性都很强的一门高校思想政治理论课，是帮助大学生正确认识新时代国内外形势，深刻领会党的十八大以来党和国家事业取得的历史性成就、发生的历史性变革、面临的历史性机遇和挑战的核心课程，是第一时间推动党的理论创新成果进教材进课堂进学生头脑，引导大学生准确理解党的基本理论、基本路线、基本方略的重要渠道。该意见要求各级各类高校切实加强教学管理，充分保证规范开课，准确把握教学内容，规范建设教学资源，择优遴选教师队伍，创新设计教学方式，注重考核学习效果，大力加强组织领导；规定本科每学期不低于 8 学时，共计 2 学分；专科每学期不低于 8 学时，共计 1 学分，要保证本、专科学生在校学习期间开课不断线。

2020 年 12 月 18 日，为深入贯彻中共中央办公厅、国务院办公厅《关于深化新时代学校思想政治理论课改革创新的若干意见》精神，中共中央宣传部、教育部制定印发了《新时代学校思想政治理论课改革创新实施方案》（教材〔2020〕6 号），其中强调，"形势与政策"课，主要讲授党的理论创新最新成果，新时代坚持和发展中国特色社会主义的生动实践，马克思主义形势观政策观、党的路线方针政策、基本国情、国内外形势及其热点难点问题，帮助学生准确理解当代中国马克思主义，深刻领会党和国家事业取得的历史性成就、面临的历史性机遇和挑战，引导大学生正确认识世界和中国发展大势，正确认识中国特色和国际比较，正确认识时代责任和历史使命，正确认识远大抱负和脚踏实地。

长期以来，高校从事形势与政策教育教学的广大教师，按照中央的要求，紧密贴近形势的发展变化和大学生的实际，认真钻研教学内容，深入探索教学规律，不断推进改革创新，切实提高教学实效，使"形势与政策"课成为深受大学生欢迎的课程。实践证明，形势与政策教育是高等学校学生思想政治教育的重要内容。"形势与政策"课是高校思想政治理论课的重要组成部分，是对学生进行形势与政策教育的主渠道、主阵地，是每个大学生的必修课程，在大学生思想政治教育中担负着重要使命，具有不可替代的重要作用。

二、怎样学好"形势与政策"课？

"形势与政策"课同其他几门思想政治理论课相比较，除了具有政治性、思想性、科学性、针对性等共同点外，还有自己的特点，那就是内容的多样性、综合性和时效性。一方面，它涉及的内容十分广泛，既有国内的，又有国际的；既有经济、政治方面的，又有文化、社会、生态等领域的各种热点问题。另一方面，国际国内形势经常处在发展变化之中，党和国家的对内对外政策也会根据形势的发展变化而进行相应的调整。特别是国际形势的发展有时瞬息万变，处于激烈的动荡之中。这就给这门课的教与学都带来很大的困难。

那么，怎样才能学好这门课呢？这就需要我们掌握马克思主义形势观、政策观的基本原理和方法。这些基本原理和方法在思想政治理论课程体系中有系统的讲解。以本科开设的思想政治理论课程为例，"马克思主义基本原理"课，主要讲授马克思主义世界观和方法论的最基本的原理；"毛泽东思想和中国特色社会主义理论体系概论"课和"习近平新时代中国特色社会主义思想概论"课，主要讲授中国共产党把马克思主义基本原理同中国具体实际相结合、同中华优秀传统文化相结合产生的马克思主义中国化时代化理论成果和体现在其中的立场观点方法；"中国近现代史纲要"课，主要讲授中国近代以来争取民族独立、人民解放和实现国家富强、人民幸福的历史；"思想道德与法治"课，主要讲授马克思主义的人生观、价值观、道德观、法治观，社会主义核心价值观与社会主义法治建设的关系。以上课程为"形势与政策"课提供了思想引领和理论支撑，与"形势与政策"课共同构成一个功能互补的体系。因此，要把"形势与政策"课的学习同其他几门思想政治理论课的学习有机地结合起来，做到融会贯通，举一反三。

三、如何观察和分析形势？

形势，是指国际国内的时事状况及其发展趋势。无论是国际形势，还是国内形势，它们都是一种客观存在。因此，首先必须遵循实事求是的原则，全面地、充分地占有第一手材料，并对这些材料进行去伪存真、去粗取精、由此及彼、由表及里的制作加工，将感性认识上升为理性认识。其次，当下的形势都不是凭空产生的，都有其形成和发展的过程，要通过追溯历史渊源，把握现实态势，预测未来走向；最后，学会运用辩证思维的科学方法，矛盾分析方法，坚持"两点论"，学会一分为二看问题、多个角度想事情；善于抓住关键、找准重点、洞察事物发展规律，进而认清形势的基本面，把握形势发展的大趋势。

以国际形势为例，如何认识当今世界？在 2018 年 6 月中央外事工作会议上，习近平明确提出"当今世界正经历百年未有之大变局"，这是对当今时代发展大势和国际局势重大变化作出的重大判断。几年来，他多次强调这场大变局的核心是一个"变"字，不会一蹴而就，将不断向纵深发展，世界之变、时代之变、历史之变的特征更加明显；世界进入新的动荡变革期，国际环境中的不稳定、不确定因素显著增多，我国发展需要应对的风险和挑战、需要解决的矛盾和问题比以往更加错综复杂；必须统筹中华民族伟大复兴战略全局和世界百年未有之大变局，准确识变、科学应变、主动求变，做好应对一系列新的风险挑战的准备。

同时，习近平强调，我国不断发展壮大，日益走近世界舞台中央，中华民族伟大复兴进入了不可逆转的历史进程。当前，国际力量对比更趋均衡，以中国为代表的新兴市场国家和发展中国家群体性崛起，世界多极化加速发展，国际关系民主化不可阻挡。时与势在我们一边。特别是我们有中国共产党的坚强领导、中国特色社会主义制度的显著优势、持续快速发展积累的坚实基础、长期稳定的社会环境和自信自强的精神力量这"五个战略性有利条件"。我们坚信，任何妄图迟滞、阻止我国发展强大的阴谋都注定失败，中华民族伟大复兴的目标一定会实现。

以国内形势为例，如何认识我国社会主要矛盾的变化？社会主要矛盾是一个国家在一定历史时期或发展阶段的多种矛盾中起着支配性作用的矛盾，是影响和制约一定时期一个国家发展的决定性矛盾。认识和把握我国社会主要矛盾及其变化，是我们党制定路线、开辟道路、形成战略的基本依据。党的十八大以来，中国特色社会主义进入新时代，我国社会主要矛盾已经转化为人民日益增长的美好生活需要和不平衡不充分的发展之间的矛盾。我国社会主要矛盾的变化，没有改变我们对我国社会主义所处历史阶段的判断，我国仍处于并将长期处于社会主义初级阶段的基本国情没有变，我国是世界最大发展中国家的国际地位没有变。这是我们正确认识和科学判断当前和今后一个时期中国国情的基本遵循。一是我国稳定解决了十几亿人的温饱问题，当前我国社会主要矛盾已经转化为人民日益增长的美好生活需要和不平衡不充分的发展之间的矛盾，发展中矛盾集中体现在发展质量上。二是我国社会主要矛盾的变化是关系全局的历史性变化，对党和国家工作提出了许多新要求。我们要在继续推动发展的基础上，着力解决好发展不平衡不充分问题，大力提升发展质量和效益，更好满足人民在经济、政治、文化、社会、生态等方面日益增长的需要，更好推动人的全面发展、社会全面进步。

党的十九大提出的新时代坚持和发展中国特色社会主义的基本方略，确定的决胜全面建成小康社会、开启全面建设社会主义现代化国家新征程的目标，对新时代推进中国特色社会主义伟大事业和党的建设新的伟大工程作出的全面部署，都是根据我国社会主要矛盾的新变化制定的。党的二十大报告强调，从现在起，中国共产党的中心任务就是团结带领全国各族人民全面建成社会主义现代化强国、实现第二个百年奋斗目标，以中国式现代化全面推进中华民族伟大复兴。中国式现代化，是中国共产党领导的社会主义现代化，既有各国现代化的共同特征，更有基于自己国情的中国特色。例如，中国式现代化是人口规模巨大的现代化。我国仍处于并将长期处于社会主义初级阶段，仍然是世界上最大的发展中国家，把我国建设成为社会主义现代化强国，需要付出长期艰苦的努力。要始终坚持从国情出发，想问题、作决策，既不好高骛远，也不因循守旧，保持历史耐心，坚持稳中求进，循序渐进，持续推进。

我们还看到，为了阐明新时代十年变革来之不易，党的二十大报告回顾了十年前我们面对的形势，指出在改革开放和社会主义现代化建设取得巨大成就的同时，"一系列长期积累及新出现的突出矛盾和问题亟待解决"，报告还指出"当时，党内和社会上不少人对党和国家前途忧心忡忡。"由此，我们更深刻领会到党中央团结带领全党全军全国各族人民进行具有许多新的历史特点的伟大斗争的成就和意义。又如，报告强调了全面建设社会主义现代化国家，是一项伟大而艰巨的事业，前途光明，任重道远，接着对当前形势进行了分析：通过列举世界百年未有之大变局加速演进的主要表现，强调我国发展面临新的战略机遇，同时，指出世界进入新的动荡变革期，我国改革发展稳定面临的不少深层次矛盾躲不开、绕不过，我国发展进入战略机遇和风险挑战并存、不确定难预料因素增多的时期，各种"黑天鹅""灰犀牛"事件随时可能发生，我们必须增强忧患意识，坚持底线思维，做到居安思危、未雨绸缪，准备经受风高浪急甚至惊涛骇浪的重大考验。

观察和分析形势，还要学会统筹中华民族伟大复兴战略全局和世界百年未有之大变局，正确认识当今时代潮流和国际大势，树立更宽广的世界眼光、更宏大的战略抱负，胸怀祖国，兼济天下。放眼世界，我们面对的是百年未有之大变局。21 世纪以来一大批新兴市场和发展中国家快速发展，世界多极化加速发展，国际格局日趋均衡，国际潮流大势不可逆转。与此同时，中国与世界的关系也在经历深刻的历史性变化：一方面，中华民族迎来了从站起来、富起来到强起来的伟大飞跃，实现了从"赶上时代"到"引领时代"的伟大跨越；前所未有地靠近世界舞台中央，前所未有地接近实现中华民族伟大复兴的中国梦，前所未有地具有实现这个目标的能力和信心。另一方面，中国仍处于社会主义初级阶段，仍然是世界最大发展中国家，夺取新时代中国特色社会主义伟大胜利，实现中华民族的伟大复兴，需要长期和平稳定的外部环境。只要我们咬定青山不放松，沿着中国特色社会主义道路奋勇前进，我们的国家必将日益繁荣昌盛，必将日益走近世界舞台中央，必将为人类作出新的更大贡献。

四、怎样认识和把握政策？

政策，是指国家、政党为实现一定历史时期的路线和任务而制定的行动准则。政策是国家、政党一切实际行动的出发点，并且表现于行动的过程和归宿。判断国家、政党某项政策的正确与否，首先要看政策所服务的路线是否正确。凡是正确的政策，都是从实际出发，与当时当地的群众要求相适应的，都是联系群众的，都是服从和服务于党在社会主义初级阶段基本路线的；凡是错误的政策，都是同实际相违背、脱离群众的，都是背离党在社会主义初级阶段基本路线的。

是否从实际出发，是否适合人民的利益、对人民负责，是否服从和服务于党在一定时期的总路线（基本路线），这是考察某项政策正确与否的基本原则（对外政策则直接体现在是否维护国家的核心利益，是否创造有利于国内经济社会发展的国际环境）。也就是说，判断政策，同样应当坚持"三个有利于"的标准，即要以是否有利于发展社会主义社会的生产力、是否有利于增强社会主义国家的综合国力、是否有利于提高人民生活水平作为根本标准。从总体上说，党和国家制定的各项政策是符合这些基本原则的。

还要注意到，随着实际情况的变化，政策也需要作相应的调整。这是党的实事求是思想路线所要求的，体现了一切从实际出发的科学精神。例如，在改革开放初期，为了打破平均主义、吃"大锅饭"的局面，邓小平提出让一部分人、一部分地区通过劳动先富起来，最终达到共同富裕。邓小平说，这是一个大政策，一个能够影响和带动整个国民经济的政策，是加快发展、达到共同富裕的捷径。事实证明，这个大政策为中国的改革开放和经济社会发展注入了强大动力。需要特别指出的是，邓小平在讲让一部分人、一部分地区通过劳动先富起来的时候，总是不离开一个大原则，即共同富裕。这是社会主义社会的本质要求，是党在社会主义初级阶段基本路线、基本纲领的题中应有之义。在改革开放和社会主义现代化建设新时期，我国实现了从生产力相对落后到经济总量跃居世界第二的历史性突破，实现了生活从温饱不足到总体小康，奔向全面小康的历史性跨越。党的十八大以来，我国经济发展平衡性、协调性、可持续性明显增强，党领导人民打赢了脱贫攻坚战，在中华大地上全面建成了小康社会，历史性地解决了绝对贫困问题。2021 年，我国国内生产总值达到 114 万亿元，人均国内生产总值突破 8 万元，标志着我国社会生产力、综合国力、人民生活水平跃上新台阶，为推进共同富裕打下了坚实基础。我国已经进入到扎实推进共同富裕的历史阶段。党的二十大报告指出，扎实推动共同富裕，完善分配制度，构建初次分配、再分配、第三次分配协调配套的制度体系。这为我们指明了在全面建设社会主义现代化国家新征程中迈向共同富裕的目标任务、改革举措和政策取向，有利于在工作中积极稳妥把握，在促进全体人民共同富裕的道路上向前迈进。

在贯彻执行某一项政策的时候，还要注意从本地区、本部门的实际情况出发，要把原则的坚定性和策略的灵活性恰当地统一起来；要掌握政策界限，防止出现偏差。这是因为，党和国家在制定某项政策时，所依据的是某一方面总体的一般的情况，政策指导往往是宏观的。而中国这样一个大国，各地区、各部门的实际情况有很大的差异，这就要求各地区、各部门的领导必须把党和国家的政策同本地区、本部门的实际情况结合起来，创造性地贯彻实施政策。

不仅国内改革发展的政策方针会随着形势与任务的变化而有所调整，我国的对外方针政策也会随着国际国内局势的演变而有所调整。例如，20世纪 80 年代末 90 年代初，国际上东欧剧变、苏联解体，中国遇到以美国为首的西方七国的"制裁"。邓小平提出要"冷静观察、稳住阵脚、沉着应付、韬光养晦、善于守拙、决不当头、抓住机遇、有所作为"，这是应对国际形势新变化、中国面临新挑战提出的新对策，这个思路指导我们对外关系十多年，成为 80 年代末乃至整个 90 年代中国对外工作的根本性指导方针。应该说，遵循这个方针，中国撕裂了西方搞的封锁中国的统一战线，沿着我们既定的改革开放路线大步前行。随着我国改革开放的深入、经济社会的发展，中国的综合国力不断提升，在国际上的影响力日益扩大，进入 21 世纪后，这一方针有所调整；特别是中国特色社会主义进入新时代，中国与世界的关系发生历史性变化，我国的对外政策、外交方针需要新理念指引。党的十八大以来，以习近平同志为核心的党中央深刻把握新时代中国和世界发展大势，在对外工作上进行了一系列重大理论和实践创新，形成了习近平外交思想。习近平外交思想是习近平新时代中国特色社会主义思想的重要组成部分，反映了以习近平同志为核心的党中央对中国特色大国外交规律性认识的深化、拓展、升华，具有鲜明的科学性、时代性、先进性和实践性，为新时代我国对外工作提供了根本遵循和行动指南。

五、我们的初衷和希望

2019 年 3 月，习近平在学校思想政治理论课教师座谈会上指出："国内外形势、党和国家工作任务发展变化较快，思政课教学内容要跟上时代，只有不断备课、常讲常新才能取得较好教学效果。"习近平提出的"常讲常新"是对思政课的普遍要求，对"形势与政策"课教材编写具有重要的指导意义。"形势与政策"课作为高校思想政治理论课必修课程之一，在及时跟进推动党的创新理论进教材进课堂进学生头脑方面，担负着不可替代的作用。"形势与政策"课教材要在结合形势最新发展变化，紧扣时事热点，因势利导，帮助大学生正确认识国内外形势，深入理解党和国家各项政策方面，发挥出自身的特色和优势，在教材内容上做到常编常新。多年的实践表明，"形势与政策"课教材与思想政治理论课其他教材相比，表现出内容更新幅度大、更新频率快的特点。本书编写组始终遵循教材建设规律，密切贴近高校师生的实际，精心编写了本教材，希望能够满足一线教师教学的需要。

2022 年 4 月 25 日，习近平在考察中国人民大学时强调，"为谁培养人、培养什么人、怎样培养人"始终是教育的根本问题。要坚持党的领导，坚持马克思主义指导地位，坚持为党和人民事业服务，落实立德树人根本任务，传承红色基因，扎根中国大地办大学，走出一条建设中国特色、世界一流大学的新路。广大青年要做社会主义核心价值观的坚定信仰者、积极传播者、模范践行者，向英雄学习、向前辈学习、向榜样学习，争做堪当民族复兴重任的时代新人，在实现中华民族伟大复兴的时代洪流中踔厉奋发、勇毅前进。

我们诚挚地希望在校大学生能够通过"形势与政策"课的学习，初步学会用马克思主义的立场、观点、方法，以习近平新时代中国特色社会主义思想为指导，观察和分析形势，把握时代主题和时代脉搏，深刻了解中国特色社会主义进入新时代，全面建设社会主义现代化国家迈上新征程的新要求，深刻理解党确立习近平同志党中央的核心、全党的核心地位，确立习近平新时代中国特色社会主义思想的指导地位的决定性意义，坚定不移在思想上政治上行动上同以习近平同志为核心的党中央保持高度一致。当代中国青年生逢其时，施展才干的舞台无比广阔，实现梦想的前景无比光明。当代大学生要努力做到对世界有正确的看法，对现实有正确的判断，在千变万化的局势面前坚定立场，不失方向，保持足够的思想定力，做到"乱云飞渡仍从容"；进而正确认识时代责任和历史使命，正确认识远大抱负和脚踏实地，锐意进取，埋头苦干，以实现中华民族伟大复兴为己任，增强做中国人的志气、骨气、底气，不负时代，不负韶华，不负党和人民的殷切期望！

党的二十大，是在全党全国各族人民迈上全面建设社会主义现代化国家新征程、向第二个百年奋斗目标进军的关键时刻召开的一次十分重要的大会，是一次高举旗帜、凝聚力量、团结奋进的大会。学习宣传贯彻党的二十大精神是当前和今后一个时期全党全国的首要政治任务，我们要认真学习、深刻领会党的二十大精神，把思想统一到党的二十大精神上来，把力量凝聚到党的二十大确定的各项任务上来。

近一时期以来国内国际形势的发展变化，特别是正在迅速兴起的学习宣传贯彻党的二十大精神的热潮，提出了当前和今后一段时间高校"形势与政策"课教育教学必须高度关注和着力回答的问题，也为本书编写提供了丰富的内容资源。本书既贯彻党的二十大精神，又结合高校"形势与政策"课教育教学实际，编写了六个专题。每个专题各有侧重，列举事实，阐述道理，帮助学生深刻领会党的二十大精神，学习和掌握党的理论创新最新成果，既充分认识我国经济社会发展取得的巨大成就和经验，又全面、辩证、发展地看待前进道路上遇到的各种风险挑战，坚定信心，增进共识。

我们衷心希望当代大学生肩负起国家和民族的重任，更加紧密团结在以习近平同志为核心的党中央周围，高举中国特色社会主义伟大旗帜，增强"四个意识"，坚定"四个自信"，做到"两个维护"，不忘初心、牢记使命，把爱国奋斗精神转化为实际行动，为全面建设社会主义现代化国家、全面推进中华民族伟大复兴而团结奋斗。

同时为方便广大师生更好使用教材和学习有关知识，本书编写组还为大家提供了十分丰富的学习资源。使用方法和具体内容可以通过扫描书后二维码获取。

本书编写组

2022 年 11 月

目 录

专题一 学习贯彻党的二十大精神　奋力夺取全面建设社会主义

　　　现代化国家新胜利 ……………………………………… 1

专题二 新时代十年的伟大变革 ……………………………… 30

专题三 以中国式现代化全面推进中华民族伟大复兴 ……… 51

专题四 党的十八大以来我国经济发展成就及未来前景展望 ……… 72

专题五 不断开辟马克思主义中国化时代化新境界——

　　　学习《习近平谈治国理政》第四卷 ………………… 95

专题六 促进世界和平发展的大国担当 …………………… 110

后记 ………………………………………………………… 125

专题一

学习贯彻党的二十大精神 奋力夺取全面建设社会主义现代化国家新胜利

2022年10月16日至22日，中国共产党第二十次全国代表大会在北京隆重举行，习近平代表第十九届中央委员会向大会作重要报告，举国关注、举世瞩目。

中国共产党第二十次全国代表大会，是在全党全国各族人民迈上全面建设社会主义现代化国家新征程、向第二个百年奋斗目标进军的关键时刻召开的一次十分重要的大会。大会的主题是：高举中国特色社会主义伟大旗帜，全面贯彻新时代中国特色社会主义思想，弘扬伟大建党精神，自信自强、守正创新，踔厉奋发、勇毅前行，为全面建设社会主义现代化国家、全面推进中华民族伟大复兴而团结奋斗。

党的二十大在政治上、理论上、实践上取得了一系列重大成果，就新时代新征程党和国家事业发展制定了大政方针和战略部署，是我们党团结带领人民全面建设社会主义现代化国家、全面推进中华民族伟大复兴的政治宣言和行动纲领。学习贯彻党的二十大精神，要牢牢把握过去五年工作和新时代十年伟大变革的重大意义，牢牢把握新时代中国特色社会主义思想的世界观和方法论，牢牢把握以中国式现代化推进中华民族伟大复兴的使命任务，牢牢把握以伟大自我革命引领伟大社会革命的重要要求，牢牢把握团结奋斗的时代要求。

一、"极不寻常、极不平凡"的五年

党的二十大报告中指出："十九大以来的五年，是极不寻常、极不平

凡的五年。""极不寻常、极不平凡"八个字高度概括并描绘了过去五年党中央统筹中华民族伟大复兴战略全局和世界百年未有之大变局,团结带领全党全军全国各族人民以奋发有为的精神把新时代中国特色社会主义不断推向前进的时代画面,也准确地勾画了过去五年党和国家事业发展的显著特征。

与以往几次党的全国代表大会报告不同,党的二十大报告对过去五年的工作没有进行分领域的总结,而是用两段话简要概括了五年来党中央作出的重大决策部署、推进的重点工作、办成的大事要事、应对的重大风险挑战,把重点放在总结新时代十年的伟大变革上。这是党的二十大报告的突出特点和亮点,既兼顾到党的十九大以来五年党领导人民所做的重点工作和取得的显著成就,同时突出了新时代十年党和国家事业发生的伟大变革及其重大意义。

关于"极不寻常",主要是强调了过去五年我们走过的历程。党的十九大以来的五年,正处于"两个一百年"奋斗目标的历史交汇期,遭逢世界百年变局和世纪疫情的叠加碰撞。这样的国际国内大背景,决定了过去五年我们党肩负的历史使命是艰巨的,面对的国内国际形势是复杂严峻的。一方面,新的历史方位要求我们必须如期实现第一个百年奋斗目标、迈上向第二个百年奋斗目标进军的新征程。另一方面,我们必须勇于战胜各种重大风险挑战,坚定推进新时代中国特色社会主义,确保中华民族伟大复兴历史进程不停滞不中断。五年来巨大风险挑战接踵而至,例如美国单方面挑起的贸易摩擦、我国香港发生的"修例风波"和突如其来的新冠肺炎疫情等,哪一仗都不好打,哪一仗打不好都会影响改革发展稳定大局。

党中央对可能面临的重大风险挑战早有预料、早作准备。五年来,以习近平同志为核心的党中央团结带领全党全军全国各族人民,沉着应对、迎难而上,攻克了一道又一道难关,战胜了一个接一个重大挑战,有力维护了国家主权、安全、发展利益,有力维护了党和国家事业发展的大局大势。

关于"极不平凡"，更多的是指五年来我们取得的成就。党的十九大以来，党中央召开七次全会，就宪法修改，深化党和国家机构改革，坚持和完善中国特色社会主义制度、推进国家治理体系和治理能力现代化，制定"十四五"规划和2035年远景目标，全面总结党的百年奋斗重大成就和历史经验等重大问题作出决定和决议，就党和国家事业发展作出重大战略部署，团结带领全党全军全国各族人民有效应对严峻复杂的国际形势和接踵而至的巨大风险挑战，以奋发有为的精神把新时代中国特色社会主义不断推向前进。

五年来，我们党攻克了许多长期没有解决的难题，办成了许多事关长远的大事要事，推动党和国家事业取得举世瞩目的重大成就。我们党隆重庆祝中国共产党成立一百周年、中华人民共和国成立七十周年，制定第三个历史决议，在全党开展党史学习教育，建成中国共产党历史展览馆，号召全党学习和践行伟大建党精神。我们党坚持加强党的全面领导和党中央集中统一领导，全力推进全面建成小康社会进程，完整、准确、全面贯彻新发展理念，着力推动高质量发展，主动构建新发展格局，蹄疾步稳推进改革，扎实推进全过程人民民主，全面推进依法治国，积极发展社会主义先进文化，突出保障和改善民生，集中力量实施脱贫攻坚战，大力推进生态文明建设，坚决维护国家安全，防范化解重大风险，保持社会大局稳定，大力度推进国防和军队现代化建设，全方位开展中国特色大国外交，全面推进党的建设新的伟大工程。

特别在面对突如其来的新冠肺炎疫情、面对香港局势的动荡变化、面对"台独"势力分裂活动和外部势力干涉台湾事务的严重挑衅、面对国际局势的急剧变化等重大事件中，中国共产党充分发挥了主心骨的作用，带领全国人民团结奋进，不断彰显着中国特色社会主义制度的优越性。

这些大事要事，既是过去五年的标志性成就，也是新时代伟大变革的重要组成部分，对于激励全党全国人民深刻领悟"两个确立"的决定性意义，坚决维护习近平总书记党中央的核心、全党的核心地位，坚决维护党中央权威和集中统一领导，具有十分重大而深远的意义。

二、党的十八大以来的"三件大事"和一系列历史性变革与成就

党的十八大以来，中国特色社会主义进入新时代，我们经历了对党和人民事业具有重大现实意义和深远历史意义的三件大事，采取一系列战略性举措，推进一系列变革性实践，实现一系列突破性进展，取得一系列标志性成果。

（一）对党和人民事业具有重大现实意义和深远历史意义的三件大事

党的二十大报告指出，十年来，我们经历了对党和人民事业具有重大现实意义和深远历史意义的三件大事：一是迎来中国共产党成立一百周年，二是中国特色社会主义进入新时代，三是完成脱贫攻坚、全面建成小康社会的历史任务，实现第一个百年奋斗目标。这是中国共产党和中国人民团结奋斗赢得的历史性胜利，是彪炳中华民族发展史册的历史性胜利，也是对世界具有深远影响的历史性胜利。这些成就来之不易，其中的启示弥足珍贵。

第一，迎来中国共产党成立一百周年。2021年7月1日，在庆祝中国共产党成立100周年大会上，习近平精辟概括了以"坚持真理、坚守理想，践行初心、担当使命，不怕牺牲、英勇斗争，对党忠诚、不负人民"为内涵的伟大建党精神，强调"我们要继续弘扬光荣传统、赓续红色血脉，永远把伟大建党精神继承下去、发扬光大"。中国共产党立志于中华民族千秋伟业，百年恰是风华正茂。继承发扬伟大建党精神，是新时代中国共产党人继续砥砺前行的强大动力，对于我们走好实现第二个百年奋斗目标新的赶考之路具有重大意义。

伟大建党精神深刻揭示了中国共产党的特质，始终激励着中国共产党人为实现一个又一个伟大目标而不懈奋斗。在开启全面建设社会主义现

代化国家新征程，奋力实现中华民族伟大复兴中国梦的道路上，我们要弘扬伟大建党精神，保持良好精神状态，不懈怠、不骄傲，一鼓作气、再接再厉，奋勇向前。在应对世界百年未有之大变局，应对国内外各种风险挑战中，我们要弘扬伟大建党精神，敢于斗争、敢于胜利，坚决顶起自己该顶的那片天，不断取得斗争新胜利，不断打开事业新局面。在全面从严治党、推进党的自我革命，确保党在坚持和发展中国特色社会主义的历史进程中始终成为坚强领导核心的过程中，我们要弘扬伟大建党精神，不断提高党的领导水平和执政水平，增强拒腐防变和抵御风险的能力。

■ **相关链接：弘扬伟大建党精神（庆祝中国共产党成立100 周年专论）**

第二，中国特色社会主义进入新时代。党的十八大以来，中国特色社会主义进入新时代。新时代是我国经济社会发展新的历史方位，是我们党团结带领人民进行社会主义建设伟大实践的历史坐标，是党和国家制定方针政策、进行战略决策的历史依据，也是凝聚社会共识、动员社会力量的历史基础。

以习近平同志为核心的党中央，总揽全局、科学部署、有效引领，推动新时代中国特色社会主义事业全面发展和进步。新时代的伟大成就，可以概括为三个方面：一是统筹推进"五位一体"总体布局，国家在经济建设、政治建设、文化建设、社会建设和生态文明建设等方面取得了一系列历史性成就。经济结构实现重大变革，我国对全球经济发展的影响力迈上新台阶；民主政治建设迈出新步伐，不断推动社会主义民主政治制度化、规范化、程序化，为党和国家长治久安提供了完善的制度保障；思想文化建设取得重大进展，确立和坚持马克思主义在意识形态领域指导地位的根本制度，提出坚定"四个自信"；人民生活不断改善和提高，提出共享改革发展成果是社会主义的本质要求；生态文明建设成效显著，提出"绿水青山就是金山银山"的理念，推动我国生态环境保护发生历史性、转折性、全局性的变化。二是协调推进"四个全面"战略布局。在全面建成小康社会的基础上，全面建设社会主义现代化国家，中国进入一个新的发展阶段；全面深化改革取得重大突破并不断向纵深推进；全面推进依法治国迈出坚实步伐，努力增强社会活力，促进社会公平正义，维护社会和谐稳定；全面从严治党成效卓著，凝聚了党心民心，党的领导力不断提升，全党理想信念更加坚定，党性更加坚强。三是在国防和军队建设、国家治理体系和治理能力现代化、坚持"一国两制"推进祖国统一、构建人类命运共同体等方面取得了全方位的、开创性的历史性成就，发生了深层次的、根本性的历史性变革。这些成就在中国共产党的百年发展历程上、在世界社会主义五百年发展史上都具有重要意义和深远影响。

第三，完成脱贫攻坚、全面建成小康社会的历史任务，实现第一个百年奋斗目标。在庆祝中国共产党成立100周年大会上，习近平庄严宣告，"经过全党全国各族人民持续奋斗，我们实现了第一个百年奋斗目标，在中华大地上全面建成了小康社会，历史性地解决了绝对贫困问题"。这是中华民族近代以来艰辛探索的结晶，是新时代中国共产党对其历史承诺的兑现，是中国道路对当下世界难题的破解，是具有世界历史意义的中国故事。

党的十八大以来，党中央把脱贫攻坚作为全面建成小康社会的底线任务和标志性指标，以习近平同志为核心的党中央把脱贫攻坚摆在治国理政的突出位置，组织开展了声势浩大的脱贫攻坚人民战争。经过8年持续奋斗，我国脱贫攻坚战取得了全面胜利，现行标准下9 899万农村贫困人口全部脱贫，832个贫困县全部摘帽，12.8万个贫困村全部出列，区域性整体贫困得到解决，完成了消除绝对贫困的艰巨任务，创造了又一个彪炳史册的人间奇迹！脱贫攻坚战如期打赢，意味着全面建成小康社会的底线任务已经完成、标志性指标已经达到。小康社会在中华大地上全面建成，彰显了我国国家制度和国家治理体系的显著优势，也是我们迈向中华民族伟大复兴的关键一步。

这三件大事，对新时代十年来我们党领导人民办成的许多事关长远的大事要事进行了集中概括，是新时代十年党和国家事业取得历史性成就、发生历史性变革的鲜明体现。事实证明，党确立习近平同志党中央的核心、全党的核心地位，确立习近平新时代中国特色社会主义思想的指导地位，对新时代党和国家事业发展、对推进中华民族伟大复兴历史进程具有决定性意义。

（二）新时代的历史性变革与历史性成就

党的十八大以来，党所面临形势环境的复杂性和严峻性、肩负任务的繁重性和艰巨性世所罕见、史所罕见。以习近平同志为核心的党中央审时度势、果敢抉择，锐意进取、攻坚克难，团结带领全党全军全国各族人民义无反顾进行具有许多新的历史特点的伟大斗争。党和国家事业取得历史性成就、发生历史性变革，推动我国迈上全面建设社会主义现代化国家新征程。

党的二十大报告从十六个方面总结概括了十年来的伟大变革，全面展示了新时代伟大变革的壮阔历程和宏伟气象，可以分为两个部分进行归纳。

一是创立了习近平新时代中国特色社会主义思想，旗帜鲜明地坚持中国特色社会主义道路，对新时代党和国家事业发展作出科学完整的战略部署，实现了"小康梦"。

党的十八大以来，习近平新时代中国特色社会主义思想的创立为坚持和发展中国特色社会主义确立了基本方略，一系列治国理政新理念新思想新战略为新时代党和国家事业发展提供了根本遵循。

在习近平新时代中国特色社会主义思想的指引下，全面加强党的领导，明确中国特色社会主义最本质的特征是中国共产党领导，中国特色社会主义制度的最大优势是中国共产党领导，中国共产党是最高政治领导力量，坚持党中央集中统一领导是最高政治原则，这让我们这个拥有 9 600多万名党员的马克思主义政党更加团结统一。

以习近平同志为核心的党中央对新时代党和国家事业发展作出科学完整的战略部署，提出实现中华民族伟大复兴的中国梦，以中国式现代化推进中华民族伟大复兴，明确"五位一体"总体布局和"四个全面"战略布局，确定稳中求进工作总基调，统筹发展和安全，明确当前我国社会主要矛盾是人民日益增长的美好生活需要和不平衡不充分的发展之间的矛盾，并紧紧围绕这个社会主要矛盾推进各项工作，进而实现了小康这个中华民族的千年梦想，打赢了人类历史上规模最大的脱贫攻坚战，历史性地解决了绝对贫困问题，不断丰富和发展了人类文明新形态。

■ **相关链接：人类文明新形态的理论内涵和世界意义**

二是深化改革、勇于实践、团结奋进、开创新局。我们党团结带领全国人民在各方面各领域取得了一系列历史性成就。

以习近平同志为核心的党中央以巨大的政治勇气全面深化改革，各领域基础性制度框架基本确立，许多领域实现历史性变革、系统性重塑、整体性重构，中国特色社会主义制度更加成熟更加定型，国家治理体系和治理能力现代化水平明显提高，为实现中华民族伟大复兴提供了更为完善的制度保证。在经济建设方面，我们党提出并贯彻新发展理念，着力推进高质量发展，推动构建新发展格局，实施供给侧结构性改革，国内生产总值从 54 万亿元增长到 114 万亿元，我国经济总量稳居世界第二位，制造业规模、外汇储备稳居世界第一。我们实行更加积极主动的开放战略，构建面向全球的高标准自由贸易区网络，加快推进自由贸易试验区、海南自由贸易港建设和"一带一路"建设，我国成为 140 多个国家和地区的主要贸易伙伴，货物贸易总额居世界第一。在民主法治建设方面，我们坚持走中国特色社会主义政治发展道路，全面发展全过程人民民主，全面依法治国总体格局基本形成，法治中国建设开创新局面。在文化建设方面，我们确立和坚持马克思主义在意识形态领域指导地位的根本制度，社会主义核心价值观广泛传播，中华优秀传统文化得到创造性转化、创新性发展，网络生态持续向好，意识形态领域形势发生全局性、根本性转变。在民生方面，我们深入贯彻以人民为中心的发展思想，在幼有所育、学有所教、劳有所得、病有所医、老有所养、住有所居、弱有所扶上持续用力，共同富裕取得新成效。在生态环境建设方面，我们坚持绿水青山就是金山银山的理念，全方位、全地域、全过程加强生态环境保护，生态环境保护发生历史性、转折性、全局性变化，我们的祖国天更蓝、山更绿、水更清。在国家安全方面，我们贯彻总体国家安全观，在原则问题上寸步不让，以坚定的意志品质维护国家主权、安全、发展利益，国家安全得到全面加强。在军队建设、港澳台政策和外交方面，我们确立党在新时代的强军目标，贯彻新时代党的强军思想，贯彻新时代军事战略方针，坚持党对人民军队的绝对领导，牢固树立战斗力这个唯一的根本的标准，坚决把全军工作重心归正到备战打仗上来，人民军队体制一新、结构一新、格局一新、面貌一新，现代化水平和实战能力显著提升，中国特色强军之路越走越宽广。我们全面准确推进"一国两制"实践，坚持"一国两制""港人治港""澳人治澳"、高度自治的方针，提出新时代解决台湾问题的总体方略，坚决反对"台独"分裂行径，坚决反对外部势力干涉，牢牢把握两岸关系主导权和主动权。我们全面推进中国特色大国外交，推动构建人类命运共同体，全面开展抗击新冠肺炎疫情国际合作，赢得广泛国际赞誉。

■ **相关链接：高质量发展是全面建设社会主义现代化国家的首要任务**

在十六个方面的成就中，最具标志性意义的有六个方面。

第一，取得了"两个确立"的重大政治成果。"两个确立"是党在新时代取得的重大政治成果，是推动党和国家事业取得历史性成就、发生历史性变革的决定性因素。党的十九届六中全会通过的《中共中央关于党的百年奋斗重大成就和历史经验的决议》指出："党确立习近平同志党中央的核心、全党的核心地位，确立习近平新时代中国特色社会主义思想的指导地位，反映了全党全军全国各族人民共同心愿，对新时代党和国家事业发展、对推进中华民族伟大复兴历史进程具有决定性意义。"正是因为有习近平领航掌舵，全党才有了"顶梁柱"，14亿多中国人民才有了"主心骨"；正是有习近平新时代中国特色社会主义思想的科学指引，全党全军全国各族人民才有了思想上的"定盘星"、行动上的"指南针"。现在，"两个确立"已经深深镌刻在全党全军全国各族人民心坎上，成为党应对一切风险挑战的最大底气、最有力工具。

第二，中国共产党在革命性锻造中更加坚强有力。办好中国的事情关键在党，关键在全面从严治党。以习近平同志为核心的党中央坚持治国必先治党、强国必须强党，旗帜鲜明加强党的全面领导，系统完善党的领导制度体系，严明政治纪律和政治规矩，要求全党增强"四个意识"、坚定"四个自信"、做到"两个维护"，确保党中央权威和集中统一领导。以党的政治建设为统领，全面推进党的各方面建设，把制度建设贯穿其中，持之以恒纠治"四风"，以前所未有的力度惩治腐败，一体推进不敢腐、不能腐、不想腐。经过艰巨努力和坚决斗争，管党治党宽松软状况得到根本扭转，党、国家、军队内部存在的严重隐患得到消除，党同人民群众的血肉联系更加紧密，党在革命性锻造中更加坚强有力，党的面貌和气象发生了深刻变化。

第三，胜利实现全面建成小康社会目标。我们统筹推进"五位一体"总体布局、协调推进"四个全面"战略布局，紧紧围绕全面建成小康社会这个战略任务，系统推进经济社会发展各项工作，打赢了脱贫攻坚战，开展污染防治攻坚战，统筹疫情防控和经济社会发展。十年来，我国经济总量翻了一番多，人均国内生产总值接近高收入国家门槛，国家经济实力、科技实力、综合国力和国际影响力都跃上了一个大台阶。

第四，维护国家安全能力显著提高。我们贯彻总体国家安全观，统筹发展和安全，完善国家安全体系，强化南海、东海、台海捍卫国家主权能力，实现对钓鱼岛常态化巡航，坚决反对"台独"分裂行径，有力反击美国等外部势力干涉台湾事务的挑衅活动，牢牢把握两岸关系主动权和主导权。坚持"爱国者治港""爱国者治澳"，粉碎美国等西方国家在我国香港策动的"颜色革命"，实现香港局势由乱到治重大转折，使香港、澳门保持长期稳定发展态势。贯彻习近平强军思想，坚持新时代强军目标，大刀阔斧深化国防和军队改革。有效遏制了民族分裂势力、宗教极端势力和暴力恐怖势力。

第五，我国国际地位显著提升。我们全面推进中国特色大国外交，推动构建人类命运共同体，坚定维护国际公平正义，倡导践行真正的多边主义，旗帜鲜明反对一切霸权主义和强权政治，毫不动摇反对任何单边主义、保护主义、霸凌行径，有力维护我国主权、安全、发展利益和广大发展中国家利益。

第六，我国制度优势更加彰显。经过一系列的努力，铁一样的事实证明，制度稳则国家稳，制度强则国家强。国家之间的竞争，归根到底是制度之争。无论是脱贫攻坚、新冠肺炎疫情防控的实践，还是政通人和、社会长期稳定的良好局面，都凸显了我国制度优势和治理效能，中国之治、西方之乱对比更加鲜明，美式"民主制度"式微，中国制度优势更加明显。这为党和国家长治久安、为实现中华民族伟大复兴提供了更为完善的制度保证。

新时代十年的伟大变革，在党史、新中国史、改革开放史、社会主义发展史、中华民族发展史上具有里程碑意义。一系列历史性成就的取得，让中国人民的前进动力更加强大、奋斗精神更加昂扬、必胜信念更加坚定，焕发出更为强烈的历史自觉和主动精神，中国共产党和中国人民正信心百倍推进中华民族从站起来、富起来到强起来的伟大飞跃。改革开放和社会主义现代化建设深入推进，书写了经济快速发展和社会长期稳定两大奇迹新篇章，我国发展具备了更为坚实的物质基础、更为完善的制度保证，实现中华民族伟大复兴进入了不可逆转的历史进程。科学社会主义在21世纪的中国焕发出新的蓬勃生机，中国式现代化为人类实现现代化提供了新的选择，中国共产党和中国人民为解决人类面临的共同问题将提供更多更好的中国智慧、中国方案、中国力量，为人类和平与发展崇高事业作出新的更大的贡献。

三、不断开辟马克思主义中国化时代化的新境界

党的二十大报告指出，马克思主义是我们立党立国、兴党兴国的根本指导思想。实践告诉我们，中国共产党为什么能，中国特色社会主义为什么好，归根到底是马克思主义行，是中国化时代化的马克思主义行。拥有马克思主义科学理论指导是我们党坚定信仰信念、把握历史主动的根本所在。这个重要论断，深刻阐明了科学理论对实践的重大指导意义，深刻揭示了"能""行""好"的内在逻辑，揭示了马克思主义中国化时代化的内在规律和历史必然。

"没有革命的理论，就不会有革命的运动"。中国共产党是高度重视理论指导的党。在近代中国最危急的时刻，中国共产党人找到了马克思主义，给苦苦探寻救亡图存出路的中国人民指明了前进方向、提供了全新选择。一百多年来，正是在马克思主义这一科学理论指引下，中国共产党人在艰辛探索中找到了中国新民主主义革命的正确道路、社会主义革命和建设的正确道路，在改革开放新时期成功开创、坚持和拓展了中国特色社会主义道路，在中国这个古老的东方大国创造了人类历史上前所未有的发展奇迹。马克思主义的命运早已同中国共产党的命运、中国人民的命运、中华民族的命运紧紧连在一起，它的科学性和真理性在中国得到了充分检验，它的人民性和实践性在中国得到了充分贯彻，它的开放性和时代性在中国得到了充分彰显。

（一）习近平新时代中国特色社会主义思想实现了马克思主义中国化时代化新的飞跃

推进马克思主义中国化时代化是一个追求真理、揭示真理、笃行真理的过程。习近平同志是习近平新时代中国特色社会主义思想的主要创立者，他以马克思主义政治家、思想家、战略家的非凡理论勇气、卓越政治智慧、强烈使命担当，集中全党智慧，全面系统回答了新时代坚持和发展

什么样的中国特色社会主义、怎样坚持和发展中国特色社会主义这一重大时代课题。习近平新时代中国特色社会主义思想以全新的视野深化对共产党执政规律、社会主义建设规律、人类社会发展规律的认识，取得重大理论创新成果，开辟了马克思主义基本原理同新时代中国具体实际相结合的新境界。党的十九大、十九届六中全会提出的"十个明确""十四个坚持""十三个方面成就"概括了这一思想的主要内容，必须长期坚持并不断丰富发展。

党的二十大报告体现了习近平新时代中国特色社会主义思想的新论断新突破，主要体现在：一是对习近平新时代中国特色社会主义思想的主要内容作了新概括；二是对蕴含在习近平新时代中国特色社会主义思想中的马克思主义立场、观点、方法进行了新阐释；三是报告中提出了一系列新思想新理念新论断，进一步丰富和发展了习近平新时代中国特色社会主义思想。

（二）继续坚持和发展马克思主义，不断谱写马克思主义中国化时代化新篇章

党的二十大报告强调，不断谱写马克思主义中国化时代化新篇章，是当代中国共产党人的庄严历史责任，拥有马克思主义科学理论指导是我们党坚定信仰信念、把握历史主动的根本所在。这为我们不断开辟马克思主义中国化时代化新境界，提供了遵循，指明了方向。

事实证明，只有把马克思主义基本原理同中国具体实际相结合、同中华优秀传统文化相结合，坚持运用辩证唯物主义和历史唯物主义，才能正确回答时代和实践提出的重大问题，才能始终保持马克思主义的蓬勃生机和旺盛活力。

坚持和发展马克思主义，必须同中国具体实际相结合。一是要与基本国情相结合。我们坚持以马克思主义为指导，是要运用其科学的世界观和方法论解决中国的问题，而不是要背诵和重复其具体结论和词句，更不能把马克思主义当成一成不变的教条。目前，我国仍处于并将长期处于社会主义初级阶段，同时也进入了新的发展阶段，我国社会的主要矛盾已经转

化为人民日益增长的美好生活需要和不平衡不充分的发展之间的矛盾，着力解决不平衡不充分的发展问题成为解决这一矛盾的主要方面，只有紧密结合基本国情，理论创造才会更加符合实际，理论成果才会更加有效管用。二是要与时代大势相结合。我们必须坚持解放思想、实事求是、与时俱进、求真务实，一切从实际出发，着眼解决新时代改革开放和社会主义现代化建设的实际问题，不断回答中国之问、世界之问、人民之问、时代之问，作出符合中国实际和时代要求的正确回答。时代大势展示着历史发展的新趋势，汇聚着社会变革的新信息，蕴含着复杂多变的新机遇新挑战，只有紧跟时代步伐，顺应时代发展要求，理论才能成为引领时代的旗帜。要始终站在历史正确的一边、人类进步的一边，顺势而为、乘势而上，为各项工作提供科学的战略谋划、战略指引。三是要与实践经验相结合。理论创新的目的是揭示规律、发现真理，更好指导实践。我们通过马克思主义可以得出符合客观规律的科学认识，形成与时俱进的理论成果，更好指导中国实践。要善于总结我们党百年奋斗历史经验，总结世界各国治乱兴衰、执政成败的经验教训，从中发现历史发展的内在联系和必然趋势，得出能够科学预见未来的正确结论和真理认知。

坚持和发展马克思主义，必须同中华优秀传统文化相结合。只有植根本国、本民族历史文化沃土，马克思主义真理之树才能根深叶茂。中华优秀传统文化源远流长、博大精深，是中华文明的智慧结晶，其中蕴含的天下为公、民为邦本、为政以德、革故鼎新、任人唯贤、天人合一、自强不息、厚德载物、讲信修睦、亲仁善邻等，是中国人民在长期生产生活中积累的宇宙观、天下观、社会观、道德观的重要体现，同科学社会主义价值观主张具有高度契合性。一是要与安邦理政的治国之道相结合。在绵延千年的历史演进中，中华民族创造和积累了极为丰富的国家治理经验智慧，这些经验智慧都是我们的祖先独立创造出来的，为我们今天坚持自立自信、增强理论创造的底气和勇气提供了坚实历史支撑，为我们进一步丰富新时代治国理政新理念新思想新战略提供了重要思想原料。要与修身处世的道德理念相结合。科学理论不仅是改造客观世界的行动指南，也是改造主观世界的思想武器。我国自古以来就将正身立德作为为官理政的根本，这些都是推进党的建设理论创新、丰富和发展马克思主义建党学说的重要思想源泉。二是要与格物究理的思想方法相结合。科学的思想方法是打开真理之门的钥匙，中国古代先贤究天人之际，通古今之变，察万物之源，得出许多富有哲理的思想方法，具有超越时空的价值，我们要继承这些宝贵的思想方法，坚定历史自信、文化自信，坚持古为今用、推陈出新，把马克思主义思想精髓同中华优秀传统文化精华贯通起来、同人民群众日用而不觉的共同价值观念融通起来，不断赋予科学理论鲜明的中国特色，不断夯实马克思主义中国化时代化的历史基础和群众基础，让马克思主义在中国牢牢扎根。

实践没有止境，理论创新也没有止境。习近平在党的二十大报告中指出，继续推进实践基础上的理论创新，首先要把握好新时代中国特色社会主义思想的世界观和方法论，坚持好、运用好贯穿其中的立场观点方法。具体可概括为"六个坚持"。

必须坚持人民至上。人民性是马克思主义的本质属性，党的理论是来自人民、为了人民、造福人民的理论，人民的创造性实践是理论创新的不竭源泉。一切脱离人民的理论都是苍白无力的，一切不为人民造福的理论都是没有生命力的。我们要站稳人民立场、把握人民愿望、尊重人民创造、集中人民智慧，形成为人民所喜爱、所认同、所拥有的理论，使之成为指导人民认识世界和改造世界的强大思想武器。

必须坚持自信自立。中国人民和中华民族从近代以后的深重苦难走向伟大复兴的光明前景，从来就没有教科书，更没有现成答案。党的百年奋斗成功道路是党领导人民独立自主探索开辟出来的，马克思主义的中国篇章是中国共产党人依靠自身力量实践出来的，贯穿其中的一个基本点就是中国的问题必须从中国基本国情出发，由中国人自己来解答。我们要坚持对马克思主义的坚定信仰、对中国特色社会主义的坚定信念，坚定道路自信、理论自信、制度自信、文化自信，以更加积极的历史担当和创造精神为发展马克思主义作出新的贡献，既不能刻舟求剑、封闭僵化，也不能照抄照搬、食洋不化。

必须坚持守正创新。我们从事的是前无古人的伟大事业，守正才能不迷失方向、不犯颠覆性错误，创新才能把握时代、引领时代。我们要以科学的态度对待科学、以真理的精神追求真理，坚持马克思主义基本原理不动摇，坚持党的全面领导不动摇，坚持中国特色社会主义不动摇，紧跟时代步伐，顺应实践发展，以满腔热忱对待一切新生事物，不断拓展认识的广度和深度，敢于说前人没有说过的新话，敢于干前人没有干过的事情，以新的理论指导新的实践。

必须坚持问题导向。问题是时代的声音，回答并指导解决问题是理论的根本任务。今天我们所面临问题的复杂程度、解决问题的艰巨程度明显加大，给理论创新提出了全新要求。我们要增强问题意识，聚焦实践遇到的新问题、改革发展稳定存在的深层次问题、人民群众急难愁盼问题、国际变局中的重大问题、党的建设面临的突出问题，不断提出真正解决问题的新理念新思路新办法。

必须坚持系统观念。万事万物是相互联系、相互依存的。只有用普遍联系的、全面系统的、发展变化的观点观察事物，才能把握事物发展规律。我国是一个发展中大国，仍处于社会主义初级阶段，正在经历广泛而深刻的社会变革，推进改革发展、调整利益关系往往牵一发而动全身。我们要善于通过历史看现实、透过现象看本质，把握好全局和局部、当前和长远、宏观和微观、主要矛盾和次要矛盾、特殊和一般的关系，不断提高战略思维、历史思维、辩证思维、系统思维、创新思维、法治思维、底线思维能力，为前瞻性思考、全局性谋划、整体性推进党和国家各项事业提供科学思想方法。

必须坚持胸怀天下。中国共产党是为中国人民谋幸福、为中华民族谋复兴的党，也是为人类谋进步、为世界谋大同的党。我们要拓展世界眼光，深刻洞察人类发展进步潮流，积极回应各国人民普遍关切，为解决人类面临的共同问题作出贡献，以海纳百川的宽阔胸襟借鉴吸收人类一切优秀文明成果，推动建设更加美好的世界。

这"六个坚持"，深刻揭示了习近平新时代中国特色社会主义思想根本的政治立场、彻底的理论品格、独有的精神气质和科学的思想方法，它们构成相互联系、内在统一的有机整体，是习近平新时代中国特色社会主义思想的精髓，也是推进党的理论创新，开辟马克思主义中国化时代化的根本要求。

拥有科学理论的政党，才拥有真理的力量，由科学理论指导的事业，才拥有光明的前途。在新的征程上，我们需要继续不断提高运用马克思主义分析和解决实际问题的能力，自觉用习近平新时代中国特色社会主义思想武装头脑、统一思想、凝聚共识、推动实践，创造出属于我们这一代人的新的业绩。

四、新时代新征程中国共产党的使命任务

党的二十大报告中，有一个很亮眼的词——"中国式现代化"。英国广播公司（BBC）报道称，中国式现代化是全新的"政治语码"；新加坡《联合早报》报道称，报告将"以中国式现代化全面推进中华民族伟大复兴"作为下一阶段中心任务。这些报道，都将"中国式现代化"当成一种崭新的文明建构方式。

中国人民的实践探索和发展成就雄辩地说明，世界上既不存在定于一尊的现代化模式，也不存在放之四海而皆准的现代化标准。中国式现代化，摒弃了西方以资本为中心的现代化、两极分化的现代化、物质主义膨胀的现代化、对外扩张掠夺的现代化老路，打破了"现代化等同西方化"的迷思，拓展了发展中国家走向现代化的途径，为人类探索更好的社会制度提供了中国方案。

长期以来，西方一直宣扬，只有资本主义制度才能实现现代化。这个预言在我国创造的经济快速发展和社会长期稳定奇迹面前破灭了。当今世界，虽然许多国家都在搞现代化，但真正全面建成现代化的国家并不多。这其中一个重要原因在于，许多发展中国家不顾自身发展的国情和历史方位，全盘照搬西方模式，结果发展过程极为艰难，不是步履蹒跚、停滞不

前，就是断断续续、危机不断，甚至长期陷入政治社会动荡的旋涡之中。可以肯定地说，如果我们搞的现代化不是中国共产党领导的社会主义现代化，不是中国式现代化，而是西方化或者全盘西化，我们的现代化建设就没有今天这样的好局面，更谈不上有什么更好的未来了。

习近平在党的二十大报告中全面系统阐释了中国式现代化的中国特色、本质要求和必须牢牢把握的重大原则，深化拓展了建设社会主义现代化强国的科学内涵，明确了实现这一目标的路径选择、战略安排，引领我国迈上全面建设社会主义现代化国家、全面推进中华民族伟大复兴新征程。

（一）以中国式现代化全面推进中华民族伟大复兴

习近平在党的二十大报告中指出，从现在起，中国共产党的中心任务就是团结带领全国各族人民全面建成社会主义现代化强国、实现第二个百年奋斗目标，以中国式现代化全面推进中华民族伟大复兴。

中国共产党自成立以来，团结带领中国人民所进行的一切奋斗，就是为了实现国家富强、人民幸福，把我国建设成为社会主义现代化强国、实现中华民族伟大复兴。经过党和人民持续奋斗，我们如期全面建成了小康社会、实现了第一个百年奋斗目标，迈上了全面建设社会主义现代化国家新征程，正向着实现第二个百年奋斗目标奋勇前进。必须紧紧扭住新时代新征程党的中心任务，集中一切力量，排除一切干扰，坚持以中国式现代化全面推进中华民族伟大复兴。

中国式现代化是中国共产党领导的社会主义现代化。在中华人民共和国成立特别是改革开放以来长期探索和实践基础上，经过党的十八大以来在理论和实践上的创新突破，我们党成功推进和拓展了中国式现代化。中国式现代化既有各国现代化的共同特征，更有基于自己国情的中国特色，是人口规模巨大的现代化、是全体人民共同富裕的现代化、是物质文明和精神文明相协调的现代化、是人与自然和谐共生的现代化、是走和平发展道路的现代化。中国式现代化的本质要求是：坚持中国共产党领导，坚持中国特色社会主义，实现高质量发展，发展全过程人民民主，丰富人民精神世界，实现全体人民共同富裕，促进人与自然和谐共生，推动构建人类命运共同体，创造人类文明新形态。

中国式现代化集中体现了我们党的宗旨使命，深刻反映了社会主义本质，融合吸纳了世界上有益的文明成果，拓展了发展中国家走向现代化的途径，给世界上那些既希望加快发展又希望保持自身独立性的国家和民族提供了全新选择。我们要坚定走自己的路的信心和决心，奋发有为推进社会主义现代化建设。

党的二十大报告对全面建成社会主义现代化强国明确了"分两步走"总的战略安排，这样的战略安排也被同时写入党章。从 2020 年到 2035 年基本实现社会主义现代化；从 2035 年到本世纪中叶把我国建成富强民主文明和谐美丽的社会主义现代化强国。党的二十大报告对全面建成社会主义现代化强国两步走战略安排进行了宏观展望，重点部署了未来五年乃至更长时期的战略任务，这要求我们必须继续增强忧患意识，坚持底线思维，做到居安思危、未雨绸缪，准备经受风高浪急甚至惊涛骇浪的重大考验，牢牢把握好坚持和加强党的全面领导、坚持中国特色社会主义道路、坚持以人民为中心的发展思想、坚持深化改革开放、坚持发扬斗争精神等重大原则，既不走封闭僵化的老路，也不走改旗易帜的邪路，坚持把国家和民族发展放在自己力量的基点上，坚持把中国发展进步的命运牢牢掌握在自己手中。

（二）经济社会发展各方面的重大决策部署

党的二十大报告的第四至第十五部分，详细阐述了党和国家在经济社会发展各个领域的重大决策部署。报告紧紧抓住解决不平衡不充分的发展问题，着眼补短板、强弱项、固底板、扬优势，作出一系列战略部署，提出一系列创新举措。

在经济建设方面，报告强调，高质量发展是全面建设社会主义现代化国家的首要任务，必须完整、准确、全面贯彻新发展理念，坚持社会主义市场经济改革方向，坚持高水平对外开放，加快构建以国内大循环为主体、国内国际双循环相互促进的新发展格局。

在政治建设方面，报告强调，全过程人民民主是社会主义民主政治的本质属性，是最广泛、最真实、最管用的民主。必须坚定不移走中国特色社会主义政治发展道路，坚持党的领导、人民当家作主、依法治国有机统一，坚持人民主体地位，充分体现人民意志、保障人民权益、激发人民创造活力，巩固和发展生动活泼、安定团结的政治局面。

在文化建设方面，报告强调，必须坚持中国特色社会主义文化发展道路，增强文化自信，围绕举旗帜、聚民心、育新人、兴文化、展形象建设社会主义文化强国，发展面向现代化、面向世界、面向未来的，民族的科学的大众的社会主义文化，激发全民族文化创新创造活力，增强实现中华民族伟大复兴的精神力量。

在社会建设方面，报告强调，江山就是人民，人民就是江山。中国共产党领导人民打江山、守江山，守的是人民的心。为民造福是立党为公、执政为民的本质要求。必须坚持在发展中保障和改善民生，鼓励共同奋斗创造美好生活，不断实现人民对美好生活的向往。

在生态文明建设方面，报告强调，尊重自然、顺应自然、保护自然，是全面建设社会主义现代化国家的内在要求，必须牢固树立和践行绿水青山就是金山银山的理念，坚持山水林田湖草沙一体化保护和系统治理，统筹产业结构调整、污染治理、生态保护、应对气候变化，协同推进降碳、减污、扩绿、增长，推进生态优先、节约集约、绿色低碳发展。

报告还在国防和军队建设、港澳台工作、外交工作等方面提出大政方针，作出工作部署。在国防和军队建设方面，主要是如期实现建军一百年奋斗目标，加快把人民军队建成世界一流军队，全面加强人民军队党的建设，全面加强练兵备战，全面加强军事治理，巩固提高一体化国家战略体系和能力。在港澳台工作方面，主要是坚持和完善"一国两制"制度体系，落实中央全面管治权，落实"爱国者治港""爱国者治澳"原则，支持香港、澳门发展经济、改善民生；坚持贯彻新时代党解决台湾问题的总体方略，坚持一个中国原则和"九二共识"，团结广大台湾同胞共同推动两岸关系和平发展、推进祖国和平统一进程，坚定支持岛内爱国统一力量，坚定反"独"促统。在外交工作方面，主要是始终坚持维护世界和平、促进共同发展的外交政策宗旨，致力于推动构建人类命运共同体，坚定奉行独立自主的和平外交政策，坚持在和平共处五项原则基础上同各国发展友好合作，坚持对外开放国策，积极参与全球治理体系改革和建设，弘扬全人类共同价值。

党的二十大报告在党和国家事业发展布局中，突出了教育科技人才、全面依法治国、国家安全这三个重要方面，单列部分作出部署，有关"充分发挥人才作为第一资源的作用""促进国民经济更为安全发展"和"走中国特色法治道路"的论述，也被写入党章。这样的安排体现了党对中国式现代化规律性认识的深化，体现了抓关键、补短板、防风险的战略考量。

在教育科技人才方面，报告强调，教育、科技、人才是全面建设社会主义现代化国家的基础性、战略性支撑。必须坚持科技是第一生产力、人才是第一资源、创新是第一动力，深入实施科教兴国战略、人才强国战略、创新驱动发展战略，开辟发展新领域新赛道，不断塑造发展新动能新优势。坚持教育优先发展、科技自立自强、人才引领驱动，加快建设教育强国、科技强国、人才强国。

要全面理解教育、科技、人才在全面建设社会主义现代化国家中的地位作用，要清醒地认识到教育是基础，科技是关键，人才是根本，教育、科技、人才事业对如期全面建成小康社会的卓越贡献，已经载入实现第一个百年奋斗目标的光辉史册，在全面建设社会主义现代化国家、朝着实现第二个百年奋斗目标奋进的新征程上，必然需要教育、科技、人才事业继续发挥基础性、战略性支撑。

要深刻认识新时代加快建设教育强国、科技强国、人才强国的历史使命，把教育强国、科技强国、人才强国建设及其他强国建设协调推进，为全面建成社会主义现代化强国奠定更为坚实的基础。

要准确把握教育优先发展、科技自立自强、人才引领驱动的相互关系。教育优先发展，重在夯实人力资源深度开发基础；科技自立自强，重在坚持独立自主开拓创新；人才引领驱动，重在巩固发展优势赢得竞争主动。三者既相互融合又各有侧重，要努力做好协同发展。

在全面依法治国方面，报告强调，全面依法治国是国家治理的一场深刻革命，关系党执政兴国，关系人民幸福安康，关系党和国家长治久安。必须坚持走中国特色社会主义法治道路，建设中国特色社会主义法治体系、建设社会主义法治国家，更好发挥法治固根本、稳预期、利长远的保障作用，在法治轨道上全面建设社会主义现代化国家。

全面依法治国是我们党坚持科学执政、民主执政、依法执政，深入推进新时代党的建设新的伟大工程的必然要求，是我们党在治国理政上的自我完善、自我提高，确保我们党不断提高依法治国、依法执政能力，提升科学执政、民主执政、依法执政水平，有效发挥党总揽全局、协调各方的领导核心作用。

全面依法治国是坚持以人民为中心的发展思想、保障和促进人民群众各项权利实现的迫切要求。当前我国社会的主要矛盾已经发生变化，人民群众在民主、法治、公平、正义、安全、环境等方面的要求日益增长。要始终坚持以人民为中心，坚持法治为了人民、依靠人民、造福人民、保护人民，努力让人民群众在每一项法律制度、每一个执法决定、每一宗司法案件中都感受到公平正义。

全面依法治国是坚持和发展中国特色社会主义制度、推进国家治理体系和治理能力现代化、确保党和国家长治久安的根本要求。当前，世界百年未有之大变局加速演进，国际环境不稳定性不确定性明显上升，国内改革发展稳定任务日益繁重，要擅长用法治的方式解决党和国家事业发展面临的一系列重大问题，依靠良法善治来促进社会公平正义、维护社会和谐稳定，以法治的力量更好保障中国特色社会主义事业兴旺发达。

在国家安全方面，报告强调，国家安全是民族复兴的根基，社会稳定是国家强盛的前提。必须坚定不移贯彻总体国家安全观，把维护国家安全贯穿党和国家工作各方面全过程，确保国家安全和社会稳定。这是首次在党的全国代表大会报告中设专章论述国家安全问题，对推进国家安全体系和能力现代化、坚决维护国家安全和社会稳定作出战略部署。这充分体现了新时代新征程国家安全工作在党和国家事业全局中的极端重要性，是我们党与时俱进深化对国家安全工作认识、全面加强国家安全工作的重要标志。

推进国家安全体系和能力现代化是新时代新征程解决国家安全突出问题的必然要求。在新时代，我国国家安全面临的形势异常严峻，外部压力前所未有，我国要捍卫国家主权、安全、发展利益，确保政权安全、制度安全、意识形态安全，维护社会和谐稳定、不断满足人民日益增长的安全需要，实现由大到强的历史性跨越，就必须着力解决国家安全面临的一系列突出问题。

推进国家安全体系和能力现代化是统筹中华民族伟大复兴战略全局和世界百年未有之大变局的必然要求。突如其来的新冠肺炎疫情、日益激烈的地缘博弈、连绵不断的国际冲突、频繁发生的自然灾害，以及全球范围内的能源危机、粮食危机、经济停滞、金融动荡等，都对原有国家安全格局造成新的冲击，我们必须铸造维护国家安全和发展的钢铁长城。

推进国家安全体系和能力现代化是贯彻总体国家安全观的必然要求。新时代新征程，我国国家安全内涵和外延比历史上任何时候都要丰富，时空领域比历史上任何时候都要宽广，内外因素比历史上任何时候都要复杂，必须深入全面贯彻总体国家安全观，落实党中央的相关决策部署，把国家安全体系和能力现代化建设向纵深推进。

五、全面建设社会主义现代化国家、全面推进中华民族伟大复兴，关键在党

党的十八大以来，习近平多次强调，我们党是世界上最大的马克思主义执政党，大就要有大的样子，大也有大的难处。党要始终赢得人民衷心拥护、巩固长期执政地位，必须时刻保持解决我们这样一个大党独有难题的清醒和坚定。实践一再告诫我们，管党治党一刻也不能放松，必须常抓不懈、紧抓不放，决不能有松劲歇脚、疲劳厌战的情绪，必须持之以恒推

进全面从严治党，深入推进新时代党的建设新的伟大工程，以党的自我革命引领社会革命。

（一）深入推进新时代党的建设新的伟大工程

在党的建设方面，党的二十大报告部署了七个方面的主要任务：坚持和加强党中央集中统一领导；坚持不懈用新时代中国特色社会主义思想凝心铸魂；完善党的自我革命制度规范体系；建设堪当民族复兴重任的高素质干部队伍；增强党组织政治功能和组织功能；坚持以严的基调强化正风肃纪；坚决打赢反腐败斗争攻坚战持久战。七个方面的主要任务，是我们党在科学分析了当前管党治党面临的形势任务的基础上，对深入推进新时代党的建设新的伟大工程作出的战略部署，为坚持以伟大自我革命引领伟大社会革命指明了前进方向、提供了行动指南。为党在长期执政条件下践行初心使命、始终赢得人民拥护，带领人民为实现第二个百年奋斗目标而团结奋斗提供了重要遵循。

（二）领会落实好"三个务必"

习近平在党的二十大报告中开宗明义地指出："中国共产党已走过百年奋斗历程。我们党立志于中华民族千秋伟业，致力于人类和平与发展崇高事业，责任无比重大，使命无上光荣。全党同志务必不忘初心、牢记使命，务必谦虚谨慎、艰苦奋斗，务必敢于斗争、善于斗争，坚定历史自信，增强历史主动，谱写新时代中国特色社会主义更加绚丽的华章。"这"三个务必"是我们党开辟马克思主义中国化时代化新境界，迈上全面建设社会主义现代化国家新征程、向第二个百年奋斗目标进军的关键时刻发出的响亮号召，是对走好新的"赶考"之路提出的新要求。其中，新增加的"务必不忘初心，牢记使命"，是中国共产党对治乱兴衰历史的深刻思考和执政规律的深刻总结，应成为每个共产党人的"座右铭"，不断警示全党同志在新时代的历史坐标下，继续践行党的初心使命，为实现党的新的历史使命而不懈奋斗。

■ **相关链接：从"两个务必"到"三个务必"**

（三）党的自我革命永远在路上

党的十八大以来，以习近平同志为核心的党中央，以"十年磨一剑"的定力推进全面从严治党，以"得罪千百人，不负十四亿"的使命担当推进史无前例的反腐败斗争，打出一套自我革命的"组合拳"，反腐败斗争取得压倒性胜利并全面巩固，消除了党、国家、军队内部存在的严重隐患。经过党的十八大以来全面从严治党，我们解决了党内许多突出问题，党在革命性锻造中更加坚强有力。只有以永远在路上的清醒和坚定，坚持不懈把全面从严治党向纵深推进，才能永葆党的先进性和纯洁性，确保党始终成为中国特色社会主义事业的坚强领导核心。

习近平在党的二十大报告中郑重强调："经过不懈努力，党找到了自我革命这一跳出治乱兴衰历史周期率的第二个答案，自我净化、自我完善、自我革新、自我提高能力显著增强，管党治党宽松软状况得到根本扭转，风清气正的党内政治生态不断形成和发展，确保党永远不变质、不变色、不变味。"几天后，习近平在参加党的二十大广西代表团讨论时，提出牢牢把握以伟大自我革命引领伟大社会革命的要求，为继续深入推进新时代党的建设新的伟大工程指明了方向。在以习近平同志为核心的党中央坚强领导下，落实新时代党的建设总要求，坚定不移推进全面从严治党，开新局于伟大的社会革命，强体魄于伟大的自我革命，我们党就一定能够团结带领亿万人民奋力谱写全面建设社会主义现代化国家新篇章。

六、青年学生要全面、系统、深入学习贯彻党的二十大精神

党的二十大报告中指出，青年强，则国家强。当代中国青年生逢其

时，施展才干的舞台无比广阔，实现梦想的前景无比光明。全党要把青年工作作为战略性工作来抓，用党的科学理论武装青年，用党的初心使命感召青年，做青年朋友的知心人、青年工作的热心人、青年群众的引路人。广大青年要坚定不移听党话、跟党走，怀抱梦想又脚踏实地，敢想敢为又善作善成，立志做有理想、敢担当、能吃苦、肯奋斗的新时代好青年，让青春在全面建设社会主义现代化国家的火热实践中绽放绚丽之花。

广大青年学生要自觉用习近平新时代中国特色社会主义思想武装自己，用新时代十年的伟大成就鼓舞自己，用实现第二个百年奋斗目标的宏伟蓝图激励自己，深刻领悟"两个确立"的决定性意义，增强"四个意识"、坚定"四个自信"、做到"两个维护"，践行社会主义核心价值观，为全面建设社会主义现代化国家、全面推进中华民族伟大复兴而团结奋斗。

青年学生学习宣传党的二十大精神，既要整体把握、全面系统，又要突出重点、抓住关键。要把着力点聚焦到习近平总书记是党中央的核心、全党的核心，习近平新时代中国特色社会主义思想是党必须长期坚持的指导思想上；聚焦到党的十九大以来的重大成就和新时代十年的伟大变革上；聚焦到把握好马克思主义中国化时代化最新成果的世界观和方法论，坚持好、运用好贯穿其中的立场观点方法上；聚焦到中国式现代化在理论和实践的创新突破上；聚焦到贯彻落实党的二十大作出的重大决策部署上；聚焦到以习近平同志为核心的新一届中央领导集体是深受全党全国各族人民拥护和信赖的领导集体上；聚焦到习近平总书记是全党拥护、人民爱戴、当之无愧的党的领袖上。

（一）切实抓好学习

广大青年学生要认真研读党的二十大报告和相关新闻报道，运用好《党的二十大报告辅导读本》《党的二十大报告学习辅导百问》等辅导材料，认真学习《中国共产党章程》，上好学校的思政课，依托党支部和团支部等学习教育平台，以组织研讨会、读书会、知识竞赛等形式进行学习，深刻领会大会对党的青年工作的战略性要求，比较深入地理解大会精神和战略安排以及与个人职业领域相关的重大论断，掌握"中国式现代化""全过程人民民主""全人类共同价值""人类文明新形态"等重要概念，加深对教育、科技、人才等相关论断的认识，树立投身国家重大战略和到祖国最需要的地方建功立业的职业观、事业观，不断蓄力激发"永远跟党走，建功新时代"的持久动力。

（二）精心组织宣讲

广大青年学生要自觉主动地到社区、乡村等基层单位开展宣讲活动，通过接地气、有内涵、有意思、有意义的语言感染身边人，带动身边人，增进大众对党的二十大精神的认知认同，让大家听得懂、能领会、可落实。同时，广大青年学生要运用好网络和新媒体的力量，在校内报纸、刊物、电台、网站、公众号上精心策划、集中报道，通过文字、图片和视频的形式，大力宣传党的二十大精神，宣介我国推动经济社会发展的重大举措，宣传全党全社会对党的二十大的热烈反响和积极评价，宣传同学们学习贯彻党的二十大精神的具体举措和实际行动，用喜闻乐见的方式，生动展示我们党和国家的良好形象，引导青年学生们继续坚定信心、同心同德，埋头苦干、奋勇前进。

（三）积极投身社会实践

广大青年学生要以党的二十大胜利召开为契机，继续传承红色基因，赓续红色血脉。要以党的二十大精神为指引，结合自身所学和自身所长，继续投身各类社会实践和志愿服务，前往经济社会发展热点区域开展调研访谈，前往祖国最需要的地方贡献自己的智慧和力量，将火热的青春与祖国的美好前景有机融合，在祖国的大好河山中和为人民服务的事业中锻造自己，不断增强投身全面建设社会主义现代化国家的主动精神。

习近平在党的二十大报告中强调，坚持党的全面领导是坚持和发展中国特色社会主义的必由之路，中国特色社会主义是实现中华民族伟大复兴的必由之路，团结奋斗是中国人民创造历史伟业的必由之路，贯彻新发展理念是新时代我国发展壮大的必由之路，全面从严治党是党永葆生机活力、走好新的赶考之路的必由之路。这是我们党在长期实践中得出的至关紧要的规律性认识，必须倍加珍惜、始终坚持。未来的道路必定艰辛，也一定会硕果累累。

"积力之所举，则无不胜也；众智之所为，则无不成也。"党的百年奋斗深刻揭示，团结的面越宽、团结的人越多，我们的力量就越强、胜利的把握就越大。围绕明确奋斗目标形成的团结是最牢固的团结，依靠紧密团结进行的奋斗是最有力的奋斗。团结就是力量，团结才能胜利，只要全党全国各族人民在党的旗帜下团结成"一块坚硬的钢铁"，全国人民同呼吸、共命运、心连心，心往一处想、劲往一处使，咬定青山不放松，我们的中华民族伟大复兴号巨轮就一定能乘风破浪、扬帆远航，全面建设社会主义现代化强国的目标就一定能实现，中华民族伟大复兴的中国梦就一定能实现。

阅读资料

1. 习近平：《高举中国特色社会主义伟大旗帜 为全面建设社会主义现代化国家而团结奋斗——在中国共产党第二十次全国代表大会上的报告》，人民出版社 2022 年版。

2. 《习近平在中共中央政治局第一次集体学习时强调 全面学习把握落实党的二十大精神 奋力夺取全面建设社会主义现代化国家新胜利》，《人民日报》2022 年 10 月 27 日。

3. 丁薛祥：《为全面推进中华民族伟大复兴而团结奋斗（认真学习宣传贯彻党的二十大精神）》，《人民日报》2022 年 11 月 2 日。

4. 《党的二十大报告辅导读本》，人民出版社 2022 年版。

思考题

1. 新时代十年党和国家事业取得众多历史性成就的根本原因是什么？

2. 中国式现代化的中国特色、本质要求和必须牢牢把握的重大原则是什么？

3. 作为新时代的青年学生，要怎样学习贯彻好党的二十大精神？

专题二
新时代十年的伟大变革

　　从党的十八大召开十年来，我们经历了对党和人民事业具有重大现实意义和深远历史意义的三件大事：一是迎来中国共产党成立一百周年，二是中国特色社会主义进入新时代，三是完成脱贫攻坚、全面建成小康社会的历史任务，实现第一个百年奋斗目标。一个历经沧桑而又风华正茂的百年大党带领全国各族人民阔步昂首迈向新时代新征程，实现了中华民族自古以来不懈追求的千年梦想。这是中国共产党和中国人民团结奋斗赢得的历史性胜利，是彪炳中华民族发展史册的历史性胜利，也是对世界具有深远影响的历史性胜利。在以习近平同志为核心的党中央领导下，全党全军全国各族人民自信自强、守正创新，踔厉奋发、勇毅前行，不断书写新时代中国特色社会主义的新篇章，党和国家事业取得历史性成就、发生历史性变革，中华民族迎来了从站起来、富起来到强起来的伟大飞跃。

一、新时代十年伟大变革的背景

　　新时代十年，是我国发展迈上新的大台阶的十年，是党和国家事业开创崭新局面的十年，是中华民族伟大复兴加速推进的十年。新时代十年，我们面临的风险挑战、矛盾问题之多，正本清源、治乱祛邪任务之重，攻克堡垒、清除顽瘴痼疾难度之大，世所罕见、史所罕见，伟大变革来之不易。

（一）是在解决党内突出矛盾中实现的

　　新时代十年，作为领导核心的中国共产党，面临的执政考验、改革开放考验、市场经济考验、外部环境考验是长期的、复杂的、严峻的，精神懈怠危险、能力不足危险、脱离群众危险、消极腐败危险更加尖锐地摆在全党面前。党内存在不少对坚持党的领导认识模糊、行动乏力问题，存在不少落实党的领导弱化、虚化、淡化问题。有些党员、干部政治信仰发生动摇，一些地方和部门形式主义、官僚主义、享乐主义和奢靡之风屡禁不止，特权思想和特权现象较为严重，一些贪腐问题触目惊心。针对这些问题，十年来，党中央进行了全面从严治党的伟大实践：制定和完善体现党的全面领导、党中央集中统一领导的制度规范、体制机制、重大举措，把党的领导落实到各方面，解决了一大批长期没有解决的问题，探索出依靠自我革命跳出治乱兴衰历史周期率的正确道路。党的领导更加坚强有力，党内政治生态焕然一新，为实现伟大变革提供了根本政治保证。

（二）是在解决经济社会发展突出矛盾中实现的

经过改革开放几十年的高速发展，中国经济呈现新常态、增长下行压力增大、经济结构性体制性矛盾突出，发展不平衡、不协调、不可持续，传统发展模式难以为继，一些深层次体制机制问题和利益固化藩篱日益显现，社会矛盾日益集聚，改革进入攻坚期和深水区。党的十九大以来，随着美国对我国实行贸易战、新冠肺炎疫情全球流行、乌克兰危机等事件的发生，我国外部发展环境更加严峻，面临需求收缩、供给冲击、预期转弱三重压力。面对经济社会长期积累的矛盾和国内外形势变化产生的一系列新矛盾，以习近平同志为核心的党中央提出了一系列新思想新理念新举措，指导和引领我国经济社会高质量发展，既有效应对了当前局面，又为我国经济长期稳定发展、安全发展奠定了基础。

（三）是在战胜外部风险挑战中实现的

当今世界正经历百年未有之大变局。世界面临的不稳定性不确定性更加突出，世纪疫情影响深远，逆全球化思潮抬头，世界经济复苏乏力，单边主义、保护主义、孤立主义、民粹主义不断上升，贫富分化日益严重，地区热点问题此起彼伏，恐怖主义、网络安全、重大传染性疾病、气候变化等非传统安全威胁持续蔓延。可以说，国际格局和世界秩序在近些年来发生着前所未有的历史性变化，我国面临的外部环境极为严峻复杂。面对外部讹诈、遏制、封锁、极限打压，以习近平同志为核心的党中央领导全国人民，保持战略定力，发扬斗争精神，不信邪、不怕鬼、不怕压，针锋相对进行坚决斗争，有力维护了国家尊严和核心利益。

新时代十年的历史性成就和伟大变革不是轻轻松松得来的，是在战胜各种风险挑战甚至是惊涛骇浪中得来的，是全党全国人民团结奋斗、坚决斗争的结果，是在中国面临世界百年未有之大变局、主动把握历史新方位、不断解决社会发展突出矛盾的过程中产生和形成的。

二、新时代以来党和国家事业的历史性成就和历史性变革

党的十八大以来，党中央始终坚持马克思列宁主义、毛泽东思想、邓小平理论、"三个代表"重要思想、科学发展观的理论指导，形成并全面贯彻习近平新时代中国特色社会主义思想，全面贯彻党的基本路线、基本方略，采取一系列战略性举措，推进一系列变革性实践，实现一系列突破性进展，取得一系列标志性成果，经受住了来自政治、经济、意识形态、自然界等方面的风险挑战考验，党和国家事业取得历史性成就、发生历史性变革，推动我国迈上全面建设社会主义现代化国家新征程。新时代十年的伟大成就和伟大变革，是全方位、根本性、格局性的，体现在改革发展稳定、内政外交国防、治党治国治军各个方面。

（一）创立了习近平新时代中国特色社会主义思想

中国共产党为什么能，中国特色社会主义为什么好，归根到底是马克思主义行，是中国化时代化的马克思主义行。党的十八大以来，以习近平同志为主要代表的中国共产党人，坚持把马克思主义基本原理同中国具体实际相结合、同中华优秀传统文化相结合，继承和发展了马克思

列宁主义、毛泽东思想、邓小平理论、"三个代表"重要思想、科学发展观，深刻总结并充分运用党成立以来的历史经验，从新的实际出发，创立了习近平新时代中国特色社会主义思想。这一重要思想坚持解放思想、实事求是、与时俱进、求真务实，一切从实际出发，着眼解决新时代改革开放和社会主义现代化建设的实际问题，科学回答中国之问、世界之问、人民之问、时代之问。对建设什么样的社会主义现代化强国、怎样建设社会主义现代化强国，建设什么样的长期执政的马克思主义政党、怎样建设长期执政的马克思主义政党等重大时代课题，提出一系列治国理政新理念新思想新战略。习近平新时代中国特色社会主义思想是当代中国马克思主义、二十一世纪马克思主义，是中华文化和中国精神的时代精华，实现了马克思主义中国化时代化新的飞跃。

百年党史证明，要走在时代前列，一刻也离不开科学思想理论的引领，必须坚定不移地用党的创新理论成果武装全党。新时代十年取得的伟大成就，根本在于以习近平同志为核心的党中央的坚强领导，在于习近平新时代中国特色社会主义思想的科学指引。十年来，全党深入全面贯彻习近平新时代中国特色社会主义思想，用马克思主义的立场、观点、方法观察时代、把握时代、引领时代，不断深化对共产党执政规律、社会主义建设规律、人类社会发展规律的认识。在习近平新时代中国特色社会主义思想的科学指引下，党和国家事业取得一系列重大成就。全党全国各族人民坚持不懈用习近平新时代中国特色社会主义思想这一创新理论武装头脑、指导实践、推动工作，为新时代党和国家事业发展提供了根本遵循。

（二）中国共产党在革命性锻造中更加坚强有力

办好中国的事情关键在党，关键在全面从严治党。以习近平同志为核心的党中央坚持治国必先治党、强国必须强党，旗帜鲜明加强党的全面领导，使中国共产党在革命性锻造中更加坚强有力。

1. 加强党的全面领导

党的十八大以来，以习近平同志为核心的党中央，立足我国发展新的历史方位，统筹中华民族伟大复兴战略全局和世界百年未有之大变局，围绕坚持加强党的全面领导和党中央集中统一领导，提出一系列原创性新理念新思想新战略、作出一系列重要制度安排、取得一系列重大实践成果，为推动党和国家事业取得历史性成就、发生历史性变革提供了根本政治保证。

十年来，党的各项制度不断健全完善，建立不忘初心、牢记使命的制度，坚持维护党中央权威和集中统一领导的各项制度，健全党的全面领导制度，健全为人民执政、靠人民执政各项制度，健全提高党的执政能力和领导水平制度、全面从严治党制度等党的领导制度体系。全党增强政治意识、大局意识、核心意识、看齐意识，确保党中央权威和集中统一领导，确保党发挥总揽全局、协调各方的领导核心作用。这个拥有 9 600 多万名党员的马克思主义政党更加团结统一。

■ **相关链接：对"国之大者"心中有数**

2. 深入推进全面从严治党

党的十八大以来，我们深入推进全面从严治党，坚持打铁必须自身硬。从制定和落实中央八项规定开局破题，提出和落实新时代党的建设总要求，以党的政治建设统领党的建设各项工作，坚持思想建党和制度治党同向发力，严肃党内政治生活，持续开展党内集中教育，提出和坚持新时代党的组织路线，突出政治标准选贤任能，加强政治巡视，形成比较完善的党内法规体系，推动全党坚定理想信念、严密组织体系、严明纪律规矩。我们持之以恒正风肃纪，以钉钉子精神纠治形式主义、官僚主义、享乐主义和奢靡之风，反对特权思想和特权现象，坚决整治群众身边的不正之风和腐败问题，刹住了一些长期没有刹住的歪风，纠治了一些多年未除的顽瘴痼疾。我们开展了史无前例的反腐败斗争，以"得罪千百人、不负十四亿"的使命担当祛病治乱，不敢腐、不能腐、不想腐一体推进，"打虎""拍蝇""猎狐"多管齐下，反腐败斗争取得压倒性胜利并全面巩固，消除了党、国家、军队内部存在的严重隐患。经过不懈努力，党找到了自我革命这一跳出治乱兴衰历史周期率的第二个答案，自我净化、自我完善、自我革新、自我提高能力显著增强，管党治党宽松软状况得到根本扭转，风清气正的党内政治生态不断形成和发展，确保党永远不变质、不变色、不变味。

■ **相关链接：自我革命是党跳出历史周期率的第二个答案**

3. 对新时代党和国家事业发展作出科学完整的战略部署

十年来，党中央对新时代党和国家事业发展作出科学完整的战略部署，为党和国家各项事业蓬勃发展擘画了宏伟蓝图。实现中华民族伟大复兴的中国梦的提出，是党和国家面向未来发布的政治宣言，体现了中国共产党高度的历史担当和使命追求。中国特色社会主义是改革开放以来党的全部理论和实践的主题，是党和人民历尽千辛万苦、付出巨大代价取得的根本成就。全党应更加自觉地增强道路自信、理论自信、制度自信、文化自信，既不走封闭僵化的老路，也不走改旗易帜的邪路，保持政治定力，坚持实干兴邦，始终坚持和发展中国特色社会主义。

中国共产党统揽伟大斗争、伟大工程、伟大事业、伟大梦想，明确了党在新时代治国理政的总方略、引领全局的总蓝图、谋划工作的总坐标，体现了奋斗目标、实现路径、前进动力的高度统一，体现了历史传承、现实任务、未来方向的高度统一，体现了党的前途命运、国家的前途命运、民族的前途命运的高度统一。我们党不断丰富和发展人类文明新形态，为中华民族伟大复兴奠定了文明基础，为人类文明的新发展贡献了中国智慧和中国方案。

（三）胜利实现全面建成小康社会目标

十年来，我们统筹推进"五位一体"总体布局、协调推进"四个全面"战略布局，紧紧围绕全面建成小康社会这个战略任务，系统推进经济社会发展各项工作。举全国之力打赢了脱贫攻坚战，历史性地解决了绝对贫困问题，书写了人类减贫史上的奇迹；坚持绿水青山就是金山银山的理念，开展污染防治攻坚战，生态环境保护发生历史性、转折性、全局性变化；立足新发展阶段，贯彻新发展理念，坚持高质量发展，深化供给侧结构性改革，加快构建新发展格局，国家经济实力、科技实力、综合国力和国际影响力都跃上了一个大台阶。

1. 举全国之力打赢了脱贫攻坚战

以习近平同志为核心的党中央把脱贫攻坚摆在治国理政的突出位置，作为全面建成小康社会的底线任务，组织开展了气壮山河的脱贫攻坚人民战争，攻克了一个又一个贫中之贫、坚中之坚，取得了举世瞩目的成就。党坚持精准扶贫、尽锐出战，采取了许多具有原创性、独特性的重大举措，组织实施了人类历史上规模最大、力度最强的脱贫攻坚战。经过八年的不懈努力，我们取得了脱贫攻坚的全面胜利，如期完成了新时代脱贫攻坚的目标和任务，使中华民族的小康梦想成为现实。在中华民族伟大复兴的历史征程上，一座划时代的里程碑巍然矗立，我国发展站在了更高的历史起点上，正在意气风发向着全面建成社会主义现代化强国的第二个百年奋斗目标迈进。我们在脱贫攻坚领域取得了前所未有的成就，彰显了中国共产党领导和我国社会主义制度的政治优势。

脱贫攻坚是一项惠及全民的系统工程，只有通过共产党的正确领导，才能凝聚全党和全国力量，统筹协同、系统规划、整体推进，最终形成万众一心、无坚不摧的强大合力，全面夺取脱贫攻坚战的胜利。以习近平同志为核心的党中央充分考察了农村贫困问题的现状和原因，提出了"精准扶贫"方略，不仅强调对症下药、精准施策，更重要的是把"扶智"与"扶志"相结合，把"输血"与"造血"相结合，采取了产业扶贫、金融扶贫、生态扶贫等多种脱贫模式，具有很强的针对性和实效性，充分调动了农民的积极性、主动性和创造性，从而激发了贫困群众脱贫攻坚的内在驱动力。中国的脱贫攻坚取得了全面胜利，脱贫摘帽不是终点，而是新生活、新奋斗的起点。

2. 坚持绿水青山就是金山银山的理念

党的十八大以来，我们坚持绿水青山就是金山银山的理念，坚持山水林田湖草沙一体化保护和系统治理，划定并严守生态保护红线、环境质量底线、资源利用上线三条红线，遵循"宜耕则耕、宜林则林、宜草则草、宜湿则湿、宜荒则荒、宜沙则沙"的原则，优化国土空间开发格局，加快建立以国家公园为主体的自然保护地体系。扎实开展生态保护修复，筑牢长江十年禁捕防线，排查整治长江、黄河、渤海入河入海排污口，大力整治"散乱污"企业，调整产业结构、运输结构、能源结构，推进清洁能源使用，不仅给自然生态留下休养生息的时间和空间，还加快形成节约资源和保护环境的空间格局、产业结构、生产方式、生活方式。全方位、全地域、全过程加强生态环境保护，生态文明制度体系更加健全，用最严格的制度、最严密的法治保护生态环境，健全自然资源资产管理体制，加强自然资源和生态环境监管，推进环境保护督察，落实生态环境损害赔偿制度，完善环境保护公众参与制度。加快转变经济发展方式，改变粗放产业模式。污染防治攻坚向纵深推进，深入实施大气、水、土壤污染防治三大行动计划。全面促进资源节约集约利用，倡导推广绿色消费。积极参与全球环境治理，推进绿色"一带一路"建设。绿色、循环、低碳发展迈出坚实步伐，生态环境保护发生历史性、转折性、全局性变化，创造了毛乌素沙漠变绿洲、永定河全线通水等中国绿色奇迹。我们的祖国天更蓝、山更绿、水更清。

3. 提出并贯彻新发展理念

党的十八大以来，中华民族迎来了从站起来、富起来到强起来的伟大飞跃。伴随着我国发展环境、发展条件发生深刻变化，新形势下实现什么样的发展、怎样实现发展的问题历史性地摆在了我们面前。习近平深刻总结国内外发展经验教训和发展大势，针对我国发展中的突出矛盾和问题，创造性提出创新、协调、绿色、开放、共享的新发展理念，科学回答了关于发展的目的、动力、方式、路径等一系列理论和实践问题，阐明了我们党关于发展的政治立场、价值导向、发展模式、发展道路等重大政治问题。在立足新发展阶段，贯彻新发展理念的基础上，党中央着力推动高质量发展，推动构建以国内大循环为主体、国内国际双循环相互促进的新发展格局。实施供给侧结构性改革，着力提高供给体系质量和效率，制定京津冀协同发展、长江经济带发展、长三角一体化发展、黄河流域生态保护和高质量发展等一系列具有全局性意义的区域重大战略，我国经济实力实现历史性跃升。

■ **相关链接：构建新发展格局**

（四）维护国家安全能力显著增强

十年来，我们贯彻总体国家安全观，统筹发展和安全，完善国家安全体系。坚决反对"台独"分裂行径，坚决反对外部势力干涉，牢牢把握两岸关系主动权和主导权。坚持"爱国者治港""爱国者治澳"，粉碎美国等西方国家在我国香港策动的"颜色革命"，实现香港局势由乱到治重大转折，香港、澳门保持长期稳定发展态势，"一国两制"取得巨大成功。贯彻习近平强军思想，坚持新时代强军目标，大刀阔斧深化国防和军队改革。有效遏制民族分裂势力、宗教极端势力、暴力恐怖势力，加强社会治理，平安中国建设迈向更高水平。

1. 贯彻总体国家安全观

增强忧患意识，始终居安思危。国泰民安是人民群众最基本、最普遍的愿望，是改革发展的重要前提。党的十八大以来，以习近平同志为核心的党中央把国家安全作为头等大事，着眼中华民族伟大复兴战略全局和世界百年未有之大变局，对国家安全作出战略擘画、全面部署。十年来，国家安全体系和能力得到全面加强，经受住了来自政治、经济、意识形态、自然界等方面的风险挑战考验，为党和国家兴旺发达、长治久安提供了有力保证。党中央坚决贯彻总体国家安全观，国家安全法治体系、战略体系、政策体系不断完善。以国家安全法为引领，国家情报法、反恐怖主义法、境外非政府组织境内活动管理法、网络安全法、核安全法、外商投资法、数据安全法、香港国安法等一系列国家安全法律法规制定出台，国家安全法律制度体系加紧构建形成。中央政治局会议先后审议通过《国家安全战略纲要》《国家安全战略（2021—2025年）》，对构建与新发展格局相适应的新安全格局，统筹做好重点领域、重点地区、重点方向国家安全工作作出部署，国家安全制度体系不断完善。共建共治共享的社会治理制度进一步健全，民族分裂势力、宗教极端势力、暴力恐怖势力得到有效遏制，扫黑除恶专项斗争取得阶段性成果，有力应对一系列重大自然灾害，平安中国建设迈向更高水平。

2. 全面准确推进"一国两制"实践

党的十八大以来，党中央全面准确推进"一国两制"实践，坚持"一国两制"，坚定落实"爱国者治港""爱国者治澳"、高度自治的方针，坚持和完善"一国两制"制度体系，坚持依法治港治澳，维护宪法和基本法确定的特别行政区宪制秩序，落实中央对香港、澳门特别行政区全面管治权，落实特别行政区维护国家安全的法律制度和执行机制，维护国家主权、安全、发展利益，维护特别行政区社会大局稳定，保持香港、澳门长期繁荣。解决台湾问题，实现祖国安全统一，是中国共产党矢志不渝的历史任务，是全体中华儿女的共同愿望。我们提出新时代解决台湾问题的总体方略，明确了新时代对台工作的总体目标是在实现中华民族伟大复兴进程中推进祖国统一，战略思路是在祖国大陆发展进步基础上解决台湾问题，基本方针是坚持"和平统一、一国两制"，基本立场是坚持一个中国原则和"九二共识"，主要途径是推动两岸关系和平发展、融合发展，必然要求是坚决反对"台独"分裂和外部势力干涉，精神动力是团结台湾同胞共圆中国梦，根本保障是坚持党对对台工作的集中统一领导。

3. 确定党在新时代的强军目标

强国必须强军，军强才能国安。坚持党指挥枪、建设自己的人民军队，是党在血与火的斗争中得出的颠扑不破的真理。党的十八大以来，确立了党在新时代的强军目标，即建设一支听党指挥、能打胜仗、作风优良的人民军队。全党全军坚决贯彻新时代党的强军思想，贯彻新时代军事战略方针，坚持党对人民军队的绝对领导。党中央召开古田全军政治工作会议，以整风精神推进政治整训，深入推进军队党风廉政建设和反腐败斗争，推动人民军队政治生态根本好转，备战打仗能力全面提升。党和国家大刀阔斧深化国防和军队改革，重构人民军队领导指挥体制、现代军事力量体系、军事政策制度，加快国防和军队现代化建设，裁减现役员额三十万胜利完成，人民军队体制一新、结构一新、格局一新、面貌一新，现代化水平和实战能力显著提升。党和国家全面推进政治建军、改革强军、科技强军、人才强军、依法治军，力争把人民军队建设成为世界一流军队，以更强大的能力、更可靠的手段捍卫国家主权、安全、发展利益，中国特色强军之路越走越宽广。

（五）我国国际地位显著提升

十年来，我们全面推进中国特色大国外交，推动构建人类命运共同体，坚定维护国际公平正义，倡导践行真正的多边主义，旗帜鲜明反对一切霸权主义和强权政治。我们完善外交总体布局，积极建设覆盖全球的伙伴关系网络，推动构建新型国际关系。我们展示负责任大国形象，积极参与全球治理体系改革和建设，我国国际影响力、感召力、塑造力显著提升。

和平、和睦、和谐是中华民族5 000多年来一直追求和传承的理念，中华民族的血液中没有侵略他人、称王称霸的基因。中国共产党关注人类前途命运，同世界上一切进步力量携手前行。中国始终是世界和平的建设者、全球发展的贡献者、国际秩序的维护者。十年来，我们坚持以习近平新时代中国特色社会主义外交思想为指导，高举和平、发展、合作、共赢旗帜，奉行独立自主的和平外交政策，坚定维护国家主权、安全、发展利益，积极参与引领全球治理体系改革，打造更加完善的全球伙伴关系网络，努力开创中国特色大国外交新局面。对外工作统筹国内国际两个大局，牢牢把握服务民族复兴、促进人类进步这条主线，推动构建人类命运共同体，坚定维护国际公平正义，倡导践行真正的多边主义，旗帜鲜明反对一切霸权主义和强权政治，毫不动摇反对任何单边主义、保护主义、霸凌行径。坚持合作、不搞对抗，坚持开放、不搞封闭，坚持互利共赢、不搞零和博弈。全面开展抗击新冠肺炎疫情国际合作，赢得广泛国际赞誉，我国国际地位显著提升。

（六）实现了更高水平的对外开放

党的十八大以来，党和国家实行更加积极主动的开放战略，出台实施一系列外商投资法、企业境外投资管理办法，外商投资准入前国民待遇加负面清单管理制度全面实行，面向全球的贸易、投融资、生产、服务网络加快构建，规则、规制、管理、标准等制度型开放加快推进。我国构建起面向全球的高标准自由贸易区网络，加快推进自由贸易区试验区、海南自由贸易港建设，共建"一带一路"成为深受欢迎的国际公共产品和国际合作平台。我国成为140多个国家和地区的主要贸易伙伴，货物贸易总额居世界第一，吸引外资和对外投资居世界前列。

十年来，我国实现了更高水平的对外开放，贯彻落实创新驱动发展战略，不断增强国民经济高质量发展的动力，把实施扩大内需战略同高水平对外开放紧密结合，通过高水平对内开放优化国土空间布局，推进区域协调发展和新型城镇化，通过高水平对外开放带动我国企业在全球产业链、价值链、创新链的跃升，在全球迈向更高位置。全力构建现代化产业体系，以高水平开放体制支撑制造强国、质量强国、数字中国建设。在一系列开放战略的推行中，我国形成更大范围、更宽领域、更深层次对外开放格局。

（七）我国制度优势更加彰显

制度稳则国家稳，制度强则国家强。国家之间的竞争，归根到底是制度之争。十年来，党中央以巨大政治勇气推进全面深化改革，加强顶层设计，坚决破除各方面体制机制弊端，各领域基础性制度框架基本建立，许多领域实现历史性变革、系统性重塑、整体性重构，中国特色社会主义制度更加成熟更加定型。坚持全面依法治国，中国特色社会主义法治体系更加完善。为党和国家长治久安、为实现中华民族伟大复兴奠定了更为完善的制度保证。

1. 以巨大的政治勇气推进全面深化改革

党的十八大以来，以习近平同志为核心的党中央以更大的政治勇气和智慧推进全面深化改革，实现改革由局部探索、破冰突围到系统集成、全面深化的转变，全面深化改革向广度和深度进军。党中央号召打响改革攻坚战，加强改革顶层设计，做到全局设计、总体设计、统筹设计，注重改革的系统性、整体性、协同性推进。面对日益复杂的改革环境，敢于突进深水区，敢于啃硬骨头，敢于涉险滩，敢于面对新矛盾新挑战，冲破思想观念束缚，突破利益固化藩篱，坚决破除各方面体制机制弊端，坚持问题导向，坚持全面推进和重点突破相结合，推动改革全面发力、多点突破、蹄疾步稳、纵深推进。十年来，党中央锚定全面深化改革总目标，筑牢根本制度、完善基本制度、创新重要制度，新一轮党和国家机构改革全面完成，中国特色社会主义制度优势不断转化为治理效能，国家治理体系和治理能力现代化水平明显提高，党和国家事业焕发出新的生机活力。

2. 坚持走中国特色社会主义政治发展道路

党的十八大以来，我们坚持走中国特色社会主义政治发展道路，这是近代以来中国人民长期奋斗历史逻辑、理论逻辑、实践逻辑相统一的必然结果。这条政治发展道路的形成和发展以中国的历史文化传统为基石，与近代以来中国社会的发展与变革紧密相关，是历史和人民的选择；这条政治发展道路把马克思主义基本原理同中国具体实际和时代特征结合起来，既有科学的指导思想，又有严谨的制度安排，既有明确的价值取向，又有有效的实现形式和可靠的推动力量；这条政治发展道路是从中国的社会土壤中生长起来的，符合中国国情，行得通、有生命力、有效率。坚持党的领导、人民当家作主、依法治国有机统一是中国特色社会主义政治发展道路的根本原则。坚持走中国特色社会主义政治发展道路，必须全面发展全过程人民民主，我国全过程人民民主实现了过程民主和成果民主、程序民主和实质民主、直接民主和间接民主、人民民主和国家意志相统一，是全链条、全方位、全覆盖的民主，是最广泛、最真实、最管用的社会主义民主。在中国特色社会主义政治发展道路的指引下，我国社会主义协商民主广泛开展，人民当家作主更为扎实，基层民主活力增强，爱国统一战线巩固扩展，民族团结进步呈现新气象，党的宗教工作基本方针得到全面贯彻，人权得到更好保障。社会主义法治国家建设深入推进，全面依法治国总体格局基本形成，中国特色社会主义法治体系加快建设，司法体制改革取得重大进展，社会公平正义保障更为坚实，法治中国建设开创新局面。

3. 确立和坚持马克思主义在意识形态领域指导地位的根本制度

意识形态关乎旗帜、关乎道路、关乎国家政治安全，决定着中华民族伟大复兴的精神力量，在全面建设社会主义现代化国家新征程上，必须牢牢掌握党对意识形态工作领导权，扎扎实实做好意识形态工作。党的十八大以来，我们确立和坚持马克思主义在意识形态领域指导地位的根本制度，坚持用习近平新时代中国特色社会主义思想武装全党、教育人民，不断增强社会主义意识形态的凝聚力和引领力。巩固壮大奋进新时代的主流思想舆论，坚持宣传思想文化战线以人民为中心的工作导向，扎实推进社会主义文化强国建设。广泛践行社会主义核心价值观，弘扬以伟大建党精神为源头的中国共产党人精神谱系，深入开展社会主义核心价值观宣传教育，深化爱国主义、集体主义、社会主义教育，在弘扬主旋律、凝聚正能量中做大做强主流思想舆论。党和国家功勋荣誉表彰制度不断建立健全，持续发挥先进典型模范作用，全党全国各族人民文化自信明显增强、精神面貌更加奋发昂扬。意识形态领域形势发生全局性、根本性转变，为新时代开创党和国家事业新局面提供了思想保证、舆论支持、精神动力和文化条件。

4. 深入贯彻以人民为中心的发展思想

十年来，党和国家深入贯彻以人民为中心的发展思想，着力解决发展不平衡不充分问题和人民群众急难愁盼问题，推动人的全面发展、全体人民共同富裕取得更为明显的实质性进展。在幼有所育、学有所教、劳有所得、病有所医、老有所养、住有所居、弱有所扶上持续用力，全面贯彻党的教育方针，落实立德树人根本任务，发展素质教育。以创新发展理念统筹各级各类教育事业发展，深化教育领域综合改革，加快建设学习型社会，坚持以人民为中心，持续推进教育公平，补齐民生短板。坚持就业优先战略和积极的就业政策。深化医药卫生体制改革，全面建立中国特色基本医疗卫生制度。以强基层为重点，促进医疗卫生工作重心下移、资源下沉。坚持预防为主，全面提升公共卫生服务水平，坚持中西医并重，传承发展中医药事业，发展健康产业，满足人民群众多样化健康需求。完善人口政策，促进人口均衡发展与家庭和谐幸福，完善城镇职工基本养老保险和城乡居民基本养老保险制度，尽快实现养老保险全国统筹，全面完善救助保障制度，稳步提升救助保障水平，不断规范救助保障管理工作，提高救助对象识别的准确性，做到精准救助，应保尽保。促进弱势群体的社会参与，使弱势群体依靠自己的力量解决问题，最终融入社会发展之中。在社会救助手段上，促进由传统的物质救助转向生活照料、精神慰藉、心理疏导、能力提升和社会融入相结合的综合援助，实现社会救助方式的多样化、组合化、专业化和个性化，最大程度发挥社会救助的综合效用。在以人民为中心的发展思想指导下，人民群众获得感、幸福感、安全感更加充实、更有保障、更可持续，共同富裕取得新成效。

三、"两个确立"是党在新时代取得的最重大的政治成果和最重要的历史经验

回顾新时代十年来，党和国家取得的历史性成就和发生的历史性变革，我们更加深刻地认识到，党确立习近平同志党中央的核心、全党的核心地位，确立习近平新时代中国特色社会主义思想的指导地位，反映了全党全军全国各族人民的共同心愿，对新时代党和国家事业发展、对推进中华民族伟大复兴历史进程具有决定性意义。"两个确立"是党在新时代取得的最重大的政治成果、最重要的历史经验。"两个确立"是历史的选择

和人民的选择，是深刻总结党的百年奋斗及党的十八大以来伟大实践得出的重大历史结论。

（一）"两个确立"是马克思主义政党的重要原则

拥有坚强的领导核心、科学的理论指导是成熟的马克思主义政党的重要标志，是中国共产党创造百年辉煌、成就千秋伟业的成功密码。历史唯物主义科学揭示了人民在创造历史中的主体地位，同时充分肯定杰出人物在历史发展中的重要作用，认为每一个时代都要有自己的杰出人物，因为杰出人物能够正确判断时代发展大势、洞察亿万人民共同愿望，能够提出历史任务、明确未来奋斗目标，具有远大的理想追求、高超的政治智慧、强烈的历史担当，善于组织和依靠人民把共同愿望变为现实。习近平就是我们这个伟大时代的杰出人物、众望所归的人民领袖。党确立习近平同志党中央的核心、全党的核心地位，正是新时代对马克思主义政党重要原则的重大实践，对新时代党和国家事业发展、对推进中华民族伟大复兴历史进程具有决定性意义。任何一个政党的一切行动，都要受一定的思想、观点或理论体系的指导和支配。拥有马克思主义科学理论指导是我们党坚定信仰信念、把握历史主动的根本所在。习近平新时代中国特色社会主义思想就是我们党正确回答时代和实践提出的重大问题取得的最新理论成果，是当代中国马克思主义、二十一世纪马克思主义，是中华文化和中国精神的时代精华，实现了马克思主义中国化时代化新的飞跃。

（二）"两个确立"是中华民族从站起来、富起来到强起来的重要经验

马克思、恩格斯在总结巴黎公社失败的教训时，认为失败原因在于缺乏集中和权威，坚强有力的核心人物、领袖人物是国际共产主义运动和各国马克思主义政党取得胜利的必要因素。在中国共产党百年历史中，正反两方面实践也充分证明了"两个确立"至关重要。遵义会议前，由于没有形成成熟的党中央，党的事业曾受到重大挫折，甚至命悬一线。遵义会议

之所以成为生死攸关的转折点，就是在实际上确立了毛泽东在红军、在党中央的领导地位，我们党开始形成坚强领导核心，进而挽救了党、挽救了红军、挽救了中国革命。改革开放以后，我们党站在中国特色社会主义兴旺发达、长治久安的战略高度，在实践中进一步深化了领导核心是党和国家事业发展的决定性因素的认识。历史上，我们党确立了以邓小平同志为主要代表的党的中央领导集体，以及以江泽民同志为主要代表的党的中央领导集体、以胡锦涛同志为主要代表的党的中央领导集体，我们党和国家的面貌、人民和民族的面貌发生了翻天覆地的变化，在接续奋斗中，中国革命、建设、改革事业取得了伟大成就，推进了中华民族从站起来到富起来的伟大飞跃。党的十八大以来，以习近平同志为核心的党中央领导全党全军全国各族人民砥砺前行，全面建成小康社会目标如期实现，党和国家事业取得历史性成就、发生历史性变革，彰显了中国特色社会主义的强大生机活力，党心军心民心空前凝聚振奋，中华民族迎来了从站起来、富起来到强起来的伟大飞跃。百年大党的奋斗历程表明，"两个确立"不仅标志着一个政党的成熟，也是深刻总结党的百年奋斗、党的十八大以来伟大实践得出的一个重大历史结论和重要经验。

（三）"两个确立"是全面建设社会主义现代化强国的重要保障

办好中国的事情关键在党，实现复兴伟业关键在党。党的十八大以来，中国特色社会主义进入新时代。以习近平同志为核心的党中央统筹把握中华民族伟大复兴战略全局和世界百年未有之大变局，守正创新，带领全党全国各族人民接续推进伟大社会革命。明确坚持和发展中国特色社会主义，总任务是实现社会主义现代化和中华民族伟大复兴，在全面建成小康社会的基础上，分两步走在本世纪中叶建成富强民主文明和谐美丽的社会主义现代化强国，以中国式现代化全面推进中华民族伟大复兴。十年来，机遇和挑战前所未有，动荡和发展相生相伴。面对涉滩之险、爬坡之艰、闯关之难，以习近平同志为核心的党中央，以伟大的历史主动精神、巨大的政治勇气、强烈的责任担当，统筹国内国际两个大局，贯彻党的基本理论、基本路线、基本方略，统揽伟大斗争、伟大工程、伟大事业、伟大梦想，坚持稳中求进工作总基调，出台一系列重大方针政策，推出一系列重大举措，推进一系列重大工作，战胜一系列重大风险挑战，推动党和国家事业取得历史性成就、发生历史性变革。正是因为坚决维护以习近平同志为核心的党中央的领导，党和国家各项事业取得了新的重大成就，不断开辟中华民族伟大复兴的光明前景。

四、新时代的历史性成就和历史性变革具有里程碑意义

新时代十年的伟大变革对全球发展格局具有重大影响，为实现第二个百年奋斗目标、实现中华民族伟大复兴奠定了更为坚实的政治基础、思想基础、物质基础、制度基础，在党史、新中国史、改革开放史、社会主义发展史、中华民族发展史上具有里程碑意义。

（一）锻造了民族复兴伟业的坚强领导核心

概览新时代十年伟大成就和伟大变革，我们明确了中国共产党领导是中国特色社会主义最本质的特征，是中国特色社会主义制度的最大优势，坚持以党的自我革命引领社会革命，深刻回答关于长期执政的时代课题，凝练出百年党史的最新成果。通过新时代十年全面从严治党的实践，我们党找到了自我革命这一跳出治乱兴衰历史周期率的第二个答案，全党更加坚强有力、更加团结统一、更加充满生机活力，党的政治领导力、思想引领力、群众组织力、社会号召力显著增强，党同人民群众的血肉联系更加牢固。特别是形成了以习近平同志为核心的坚强中央领导集体，成为风雨来袭时中国人民最可靠的主心骨。全党全国各族人民高度信赖习近平和党中央，坚决拥护"两个确立"，坚决做到"两个维护"，这为我们实现第二个百年奋斗目标，实现中华民族伟大复兴提供了根本政治保证。

（二）中华民族伟大复兴进入了不可逆转的历史进程

党的百年奋斗开辟了实现中华民族伟大复兴的正确道路，中华民族迎来了从站起来、富起来到强起来的伟大飞跃。新时代十年，我们不仅胜利实现了第一个百年奋斗目标，而且成功推进和扩展了中国式现代化。从夯基垒台、立柱架梁到全面推进、积厚成势，再到系统集成、协同高效，各领域基础性制度框架基本确立，许多领域实现历史性变革、系统性重塑、整体性重构。中国特色社会主义制度更加成熟更加定型，国家治理体系和治理能力现代化水平不断提高，创造了世所罕见的经济快速发展奇迹、社会长期稳定奇迹，党和国家事业焕发出新的生机活力。这为实现中华民族伟大复兴提供了更为坚实的物质基础、更为完善的制度保证，实现中华民族伟大复兴进入了不可逆转的历史进程。

（三）中国人民更加自信、自立、自强

党的百年奋斗从根本上改变了中国人民的前途命运。新时代十年的伟大成就，特别是如期全面建成小康社会，实现了中华民族千年梦想，极大增强了中华民族的自信心自豪感，极大增强了中国人民对中国特色社会主义的道路自信、理论自信、制度自信、文化自信，极大增强了中国人民的志气、骨气、底气，全体人民空前团结、万众一心，信心百倍、平视世界，前进动力更加强大、奋斗精神更加昂扬、必胜信念更加坚定，焕发出更为强烈的历史主动精神、历史创造精神。这为实现中华民族伟大复兴筑就了坚不可摧的铜墙铁壁。

（四）为世界和平与发展注入强大正能量

党的百年奋斗深刻影响了世界历史进程。新时代十年，我国国际影响力显著提升。我国对全球经济增长的贡献率年均达 30% 左右；对全球减贫贡献率超过 70%；构建人类命运共同体理念得到国际社会广泛赞同；我国成为全球生态文明建设的主要引擎；"一带一路"等公共产品为全球发

展提供强大动力。我们倡导和践行全人类共同价值，主持国际公道，坚决反对霸权主义和强权政治，有力维护发展中国家利益。我们成功推进和拓展了超越西方现代化逻辑的中国式现代化，创造了物质文明、政治文明、精神文明、社会文明、生态文明相协调的人类文明新形态，为广大发展中国家提供了全新选择，向世界展示了大国形象，为解决人类面临的共同问题提供了更多更好的中国智慧、中国方案、中国力量。

（五）彰显了马克思主义的强大生命力

党的百年奋斗的重大成就、新时代十年的伟大变革充分证明，中国共产党为什么能，中国特色社会主义为什么好，归根到底是马克思主义行，是中国化时代化的马克思主义行。习近平新时代中国特色社会主义思想，把马克思主义基本原理同中国具体实际相结合、同中华优秀传统文化相结合，提出了许多标志性的新思想新观点新论断，不断赋予科学社会主义以新的时代内涵，开辟了马克思主义中国化时代化新境界，彰显了科学社会主义在二十一世纪的生机与活力，是当代中国马克思主义、二十一世纪马克思主义，为新时代党和国家事业提供了根本遵循。这极大增强了中国共产党和中国人民坚持和发展中国特色社会主义的信念，增强了世界各国人民对社会主义运动的信心。

阅读资料

1. 习近平：《高举中国特色社会主义伟大旗帜　为全面建设社会主义现代化国家而团结奋斗——在中国共产党第二十次全国代表大会上的报告》，人民出版社 2022 年版。

2.《党的二十大报告辅导读本》，人民出版社 2022 年版。

3. 任仲平：《十年砥砺奋进绘写壮美画卷——写在党的二十大胜利召开之际》，《人民日报》2022 年 10 月 15 日。

4. 叶琪、黄茂兴：《新时代十年的伟大变革彰显中国经济强大韧性和活力》，《光明日报》2022 年 8 月 31 日。

思考题

1. 谈谈我国新时代十年历史性成就和历史性变革形成的历史条件。

2. 党的十八大以来，我们取得了哪些历史性成就，发生了哪些历史性变革？

3. 如何理解新时代十年成就与变革在党史、新中国史、改革开放史、社会主义发展史、中华民族发展史上具有里程碑意义？

专题三

以中国式现代化全面推进中华民族伟大复兴

    党的十八大以来，我们党围绕如何全面建设社会主义现代化国家这一重大理论与实践课题进行了重要探索。习近平在庆祝中国共产党成立 100 周年大会上的讲话中指出，我们坚持和发展中国特色社会主义，推动物质文明、政治文明、精神文明、社会文明、生态文明协调发展，创造了中国式现代化新道路，创造了人类文明新形态。2021 年党的十九届六中全会通过的《中共中央关于党的百年奋斗重大成就和历史经验的决议》指出，党领导人民成功走出中国式现代化道路，创造了人类文明新形态，拓展了发展中国家走向现代化的途径，给世界上那些既希望加快发展又希望保持自身独立性的国家和民族提供了全新选择。党的二十大报告指出："从现在起，中国共产党的中心任务就是团结带领全国各族人民全面建成社会主义现代化强国、实现第二个百年奋斗目标，以中国式现代化全面推进中华民族伟大复兴。""经过十八大以来在理论和实践上的创新突破，我们党成功推进和拓展了中国式现代化。"

一、走向现代化是中国人民和中华民族的不懈追求

    现代化是近代以来中国人民孜孜以求的梦想。实现中华民族伟大复兴，归根结底是赶上时代，赶上世界，完成现代化的使命，建成富强民主文明和谐美丽的社会主义现代化强国，这是中国几代人为之奋斗的夙愿。

（一）新民主主义革命时期对现代化道路的探索

1921年，中国共产党成立，中华民族和中国人民真正有了主心骨和领头雁，中国革命的面貌从此焕然一新，中华民族迈向现代化之路揭开了崭新的篇章。中国共产党自成立之日起就把实现中华民族伟大复兴作为自己的神圣职责和使命担当，矢志不移地探索中国现代化道路、推进中国现代化事业。

1945年，毛泽东在《论联合政府》中明确提出了将中国"由农业国变为工业国"、实现"工业化和农业近代化"的现代化目标，"中国工人阶级的任务，不但是为着建立新民主主义的国家而斗争，而且是为着中国的工业化和农业近代化而斗争。"在1949年3月召开的党的七届二中全会上，毛泽东提出了"现代化"这一概念。他指出："我们已经或者即将区别于古代，取得了或者即将取得使我们的农业和手工业逐步地向着现代化发展的可能性。"这表明我们党在即将领导完成国家独立、民族解放的历史任务之时，就开始关注实现现代化的历史使命。

■ **相关链接："四个现代化"**

（二）社会主义革命和建设时期对现代化道路的探索

社会主义革命和建设时期，以毛泽东同志为主要代表的中国共产党人对现代化的探索，从以发展重工业为中心的工业化，到以先进科学技术为基础的现代农业、现代工业、现代国防和现代科学技术的"四个现代化"，认识逐步深化。

1954年，周恩来在一届人大一次会议会上的政府工作报告提出建设"四个现代化"，提出要"建设起强大的现代化的工业、现代化的农业、现代化的交通运输业和现代化的国防"。1956年，党的八大提出现代化建设的"两步走"规划，第一步是用三个五年计划时间初步实现工业化；

第二步是再用几十年的时间，接近或赶上世界最发达资本主义国家。1959年底到1960年初，毛泽东在读苏联《政治经济学教科书》时又强调："建设社会主义，原来要求是工业现代化，农业现代化，科学文化现代化，现在要加上国防现代化。"这是党和国家领导人对四个现代化战略目标的第一次完整表述。此后，中国在社会主义建设中，逐步建立了独立的、比较完整的工业体系和国民经济体系，为实现四个现代化奠定了重要的发展基础。

（三）改革开放和社会主义现代化建设新时期对现代化道路的探索

改革开放和社会主义现代化建设新时期，我们党对社会主义现代化建设规律进行了不懈探索。

1979年12月，邓小平在会见日本首相大平正芳时明确提出了"中国式的现代化"的概念和目标："我们要实现的四个现代化，是中国式的四个现代化。我们的四个现代化的概念，不是像你们那样的现代化的概念，而是'小康之家'"。此后在集中全党关于中国社会主义现代化问题的思考的基础上，我们党确立了解决温饱、实现小康、奔向现代化的"三步走"发展战略。党的十五大把"建设富强民主文明的社会主义现代化国家的目标"与建设有中国特色社会主义经济、政治和文化直接联系起来。党的十七大明确提出"要把我国建设成为富强民主文明和谐的社会主义现代化国家"，强调要按照中国特色社会主义事业总体布局，全面推进经济建设、政治建设、文化建设、社会建设。

随着社会主义现代化的推进，在解决人民温饱问题、人民生活总体达到小康水平这两个目标已提前实现的基础上，我们党根据形势发展变化，进一步提出了"两个一百年"奋斗目标，即到建党一百年时全面建成小康社会，到本世纪中叶建成富强民主文明和谐的社会主义现代化国家。

（四）新时代新征程的中国式现代化

党的十八大以来，我们党着眼大局，统筹全局，不断强化顶层设计，持续深化现代化方案。2012 年 11 月，党的十八大明确提出，建设中国特色社会主义，总依据是社会主义初级阶段，总布局是"五位一体"，总任务是实现社会主义现代化和中华民族伟大复兴。要全面推进经济建设、政治建设、文化建设、社会建设、生态文明建设，实现以人为本、全面协调可持续的科学发展。提出坚持走中国特色新型工业化、信息化、城镇化、农业现代化道路，推动信息化和工业化深度融合、工业化和城镇化良性互动、城镇化和农业现代化相互协调，促进工业化、信息化、城镇化、农业现代化同步发展，建设富强民主文明和谐的社会主义现代化国家的新任务。党的十八大明确提出，确保到 2020 年实现全面建成小康社会的宏伟目标，对全面建成小康社会、全面建设社会主义现代化强国作出重大战略安排。

党的十九大明确了我国发展新的历史方位，提出了决胜全面建成小康社会，开启全面建设社会主义现代化国家新征程，把我国建设成为富强民主文明和谐美丽的社会主义现代化强国的历史任务。大会明确指出，中国特色社会主义进入了新时代，这个新时代，是在新的历史条件下继续夺取中国特色社会主义伟大胜利的时代，是决胜全面建成小康社会、进而全面建设社会主义现代化强国的时代。大会明确坚持和发展中国特色社会主义，总任务是实现社会主义现代化和中华民族伟大复兴，在全面建成小康社会的基础上，分两步走，在本世纪中叶建成富强民主文明和谐美丽的社会主义现代化强国。党的十九大擘画了到本世纪中叶我国现代化建设的宏伟蓝图，为全国人民指明了前进方向。

二、走中国式现代化之路

党的二十大指出，中国式现代化，是中国共产党领导的社会主义现代化，既有各国现代化的共同特征，更有基于自己国情的中国特色。中国式现代化是人口规模巨大的现代化，是全体人民共同富裕的现代化，是物质文明和精神文明相协调的现代化，是人与自然和谐共生的现代化，是走和平发展道路的现代化。

习近平深刻指出："一切成功发展振兴的民族，都是找到了适合自己实际的道路的民族。"中国式现代化道路之所以能够超越西方现代化、创造人类文明新形态，根本在于中国化时代化马克思主义的科学指导，在于中国共产党领导和中国特色社会主义制度的独特优势。历史告诉我们，中国式现代化道路属于中国也属于世界，不仅走得对、走得通，而且也一定能够走得稳、走得好。新征程上，我们将义无反顾沿着这条光明大道走下去，在为中国人民谋幸福、为中华民族谋复兴、为人类社会谋和平与发展中，不断贡献更多中国智慧、中国经验。

（一）中国式现代化是人口规模巨大的现代化

当今世界，实现工业化的发达国家和地区的人口总和不到10亿人，我国是世界上第一人口大国，14亿多人口要一个都不能少地迈入现代化社会，其规模超过现有发达国家的总和，艰巨性和复杂性前所未有，必然要付出更大努力，克服更多困难，也必然将彻底改写现代化的世界版图，对人类历史带来巨大影响。

中国实现了人类历史上最大的减贫任务。中国特色社会主义进入新时代，以习近平同志为核心的党中央把脱贫攻坚摆在治国理政的突出位置，作为全面建成小康社会的底线任务，组织开展了声势浩大的脱贫攻坚战。在迎来中国共产党成立一百周年的重要时刻，我国脱贫攻坚战取得全面胜利，全国832个贫困县全部摘帽，近一亿农村贫困人口实现脱贫，960多万贫困人口实现易地搬迁，历史性地解决了绝对贫困问题，为全球减贫事业作出了重大贡献，也为持续推进人口规模巨大的现代化、让全体人民共享现代化成果奠定了坚实基础。

我们经历了世界历史上规模最大、速度最快的城镇化进程。城镇化是人口规模巨大的中国实现现代化的必由之路。我国坚持走以人为核心的新型城镇化道路，致力于在一个拥有 14 亿多人口的发展中大国实现城镇化。城镇人口规模不断扩大。改革开放以来，我国经历了世界历史上规模最大、速度最快的城镇化进程，取得了举世瞩目的成就。截至 2020 年末，我国常住人口城镇化率超过 60%。我国在城镇化率继续提高的同时，城镇化质量也不断改善，城市功能全面提升，城市面貌焕然一新。

中国人口整体素质不断提升。我国现代化致力于实现人的全面发展、社会全面进步。我国不断推进人口规模巨大现代化的过程，也是人口素质显著提升、民生福祉不断增进的过程。受教育水平稳步提升，人才队伍不断壮大，知识技能水平不断提高，为建设社会主义现代化国家提供了坚实的人力资源保障。随着经济社会发展，我国医疗卫生投入快速增长，公共卫生体系和医疗服务体系不断完善，覆盖城乡的基本医疗卫生制度逐步建立和完善，人民身体素质日益改善。党的十八大以来，我国卫生事业投入力度进一步加大，妇幼保健水平不断提高。人均预期寿命增长到 78.2 岁，城镇居民人均预期寿命超过 80 岁，居民主要健康指标优于世界中高收入国家平均水平。

（二）中国式现代化是全体人民共同富裕的现代化

是所有人共富还是少数人富裕，这是中国式现代化与西方现代化的根本区别。共同富裕是中国特色社会主义的本质要求，我国现代化坚持以人民为中心的发展思想，自觉主动解决地区差距、城乡差距、收入分配差距，促进社会公平正义，逐步实现全体人民共同富裕，坚决防止两极分化。

共同富裕是中国特色社会主义的本质要求。社会主义的本质，是解放生产力，发展生产力，消灭剥削，消除两极分化，最终达到共同富裕。社会主义最大的优越性就是共同富裕。中华人民共和国成立后，加快国家发展，消除贫困，实现共同富裕，成为我们党和国家的重要课题。改革开放和社会主义现代化建设新时期，党领导人民开创并发展了中国特色社会主义，我国实现了从生产力相对落后的状况到经济总量跃居世界第二的历史性突破，实现了人民生活从温饱不足到总体小康，奔向全面小康的历史性跨越。党的十八大以来，中国特色社会主义进入新时代，党和国家事业取得历史性成就、发生历史性变革，全面建成小康社会目标如期实现，为促进共同富裕创造了良好条件。现在，已经到了扎实推动共同富裕的历史阶段。

共同富裕是中国式现代化的重要特征。党的十八大以来，党中央把握发展阶段新变化，着力推动区域协调发展，采取有力措施保障和改善民生，打赢了脱贫攻坚战，全面建成小康社会，党和国家事业取得重大成就，为新时代发展中国特色社会主义事业奠定了坚实基础、创造了有利条件，党领导人民成功走出了中国式现代化道路。同时，要清醒认识到，在21世纪中叶全面建成社会主义现代化强国，还需要克服和解决现代化道路上的一些突出问题，特别是收入分配差距过大问题。新征程上，必须以习近平新时代中国特色社会主义思想为指导，立足新发展阶段、贯彻新发展理念、构建新发展格局，走高质量发展和共同富裕之路。

共同富裕是新时代中国人民的新期盼。进入新时代，我国社会主要矛盾已转化为人民日益增长的美好生活需要和不平衡不充分的发展之间的矛盾。人民对美好生活的向往就是我们的奋斗目标，让老百姓过上好日子是我们一切工作的出发点和落脚点，补齐民生保障短板、解决好人民群众急难愁盼问题，仍然是我们党面临的紧迫任务。共同富裕承载了人民对美好生活的向往和期盼，是中国共产党人践行初心使命的重要着力点，需要在幼有所育、学有所教、劳有所得、病有所医、老有所养、住有所居、弱有所扶上持续用力，使人民获得感、幸福感、安全感更加充实、更有保障、更可持续。

■ **相关链接：毛泽东与共同富裕**

（三）中国式现代化是物质文明和精神文明相协调的现代化

物质富足、精神富有是社会主义现代化的根本要求。实现民族复兴，既需要强大的物质力量，也需要强大的精神力量。物质贫困不是社会主义，精神贫乏也不是社会主义。我们要不断厚植现代化的物质基础，不断夯实人民幸福生活的物质条件，同时大力发展社会主义先进文化，加强理想信念教育，传承中华文明，促进物的全面丰富和人的全面发展。

物质文明是实现中华民族伟大复兴的物质基础。物质文明和精神文明是人类认识世界、改造世界全部成果的总括和结晶。没有坚实、先进的物质文明，一个国家和民族就会缺乏昂首于世的物质基础。我们深刻汲取近代以来积贫积弱的历史教训、深刻总结社会主义建设正反两方面经验，认识到：落后就要挨打，贫穷不是社会主义。中华人民共和国成立后特别是改革开放以来，我们在一穷二白的基础上创造了经济快速发展奇迹和社会长期稳定奇迹，用几十年时间走完了发达国家几百年走过的工业化历程，跃升为世界第二大经济体，经济实力、科技实力、综合国力、国防实力、文化影响力、国际影响力等显著提升。当今世界正经历百年未有之大变局，中华民族伟大复兴正处于关键时期，前进道路上遇到各种艰难险阻在所难免，夯实国家物质基础的任务更为艰巨；解决人民日益增长的美好生活需要和不平衡不充分的发展之间的矛盾，对物质文明建设提出了更高要求；到 2035 年基本实现社会主义现代化、到 21 世纪中叶把我国建成富强民主文明和谐美丽的社会主义现代化强国的战略安排，对物质文明建设提出了更高目标。

精神文明是实现中华民族伟大复兴的精神力量，"一个没有精神力量的民族难以自立自强，一项没有文化支撑的事业难以持续长久。"精神力量是一个国家和民族最为深沉厚重的力量。在人类文明历史长河中，中国人民创造了源远流长、博大精深的优秀传统文化，不仅为中华民族生生不息、发展壮大提供了强大精神支撑，而且深刻影响着当代中国发展进步，深刻影响着当代中国人的精神世界。党的十八大以来，以习近平同志为核心的党中央把精神文明建设放在统筹推进"五位一体"总体布局、协调推进"四个全面"战略布局的重要位置，不断将精神文明建设推向更高水平。《中华人民共和国国民经济和社会发展第十四个五年规划和 2035 年远景目标纲要》提出："加强社会主义精神文明建设，培育和践行社会主义核心价值观，推动形成适应新时代要求的思想观念、精神面貌、文明风尚、行为规范。"全面建设社会主义现代化国家，比以往任何时候都更加需要思想的引领、文化的滋养、精神的支撑。我们必须高举精神旗帜、传承精神基因、强化精神纽带，锲而不舍抓实精神文明建设，在全面建设社会主义现代化国家新征程上谱写精神文明建设新的篇章。

物质文明与精神文明协调发展是我党重要的经验总结。回望走过的路，正确处理两个文明之间的关系，始终坚持物质文明与精神文明协调发展，是中国式现代化呈现出的鲜明特征。改革开放之初，我们党创造性地提出建设社会主义精神文明的战略任务，确定了"两手抓、两手都要硬"的战略方针，深刻阐明了物质文明与精神文明的内在关系，确立并重申了物质文明与精神文明协调发展的基本原则。党的十八大以来，以习近平同志为核心的党中央肩负实现中华民族伟大复兴中国梦的历史使命，把精神文明建设贯穿改革开放和现代化全过程、渗透社会生活各方面，全面展开精神文明建设各项工作，取得了巨大成就。"当高楼大厦在我国大地上遍地林立时，中华民族精神的大厦也应该巍然耸立。"实践已经证明并将继续证明，只有物质文明建设和精神文明建设都搞好，国家物质力量和精神力量都增强，全国各族人民物质生活和精神生活都改善，中国特色社会主义事业才能顺利向前推进。

（四）中国式现代化是人与自然和谐共生的现代化

中国的现代化走的是节约资源、保护环境、绿色低碳的新型发展道路，同步推进物质文明建设和生态文明建设，走生产发展、生活富裕、生态良好的文明发展道路，提供更多优质生态产品以满足人民日益增长的优美生态环境需要。

人与自然和谐共生是践行习近平生态文明思想的必然要求。党的十八大以来，习近平站在历史和全局高度坚持绿水青山就是金山银山的理念，提出尊重自然、顺应自然、保护自然，促进人与自然和谐共生等一系列标志性、创新性、战略性思想观点，深刻回答了为什么建设生态文明、建设什么样的生态文明、怎样建设生态文明等一系列重大理论和实践问题，形成了习近平生态文明思想。习近平生态文明思想为推进美丽中国建设，实现人与自然和谐共生的现代化提供了根本遵循。深入学习贯彻这一重要思想，内在要求建设人与自然和谐共生的现代化。要加快推动绿色低碳发展，持续改善环境质量，提升生态系统质量和稳定性，全面提高资源利用效率，为贯彻落实习近平生态文明思想、推动实现人与自然和谐共生的现代化指明了实践路径。

人与自然和谐共生是促进经济社会发展全面绿色转型的内在要求。促进经济社会发展全面绿色转型是实现人与自然和谐共生的根本途径，我们要加快形成绿色发展方式和生活方式，不断推进人与自然和谐共生的现代化，更好满足人民日益增长的优美生态环境需要。人与自然是生命共同体，人类善待自然，自然也会回馈人类；人类对人自然过度开发利用甚至造成伤害，最终会招致自然无情的报复。构建新发展格局、推动高质量发展、实现中华民族永续发展，迫切需要用绿色倒逼升级，彻底改变大量生产、大量消耗、大量排放的生产模式和消费模式，使资源、生产、消费等相匹配相适应，推动我国经济社会发展全面绿色转型，推动实现经济社会发展和生态环境保护协调统一、相互促进，推进人与自然和谐共生的现代化。

人与自然和谐共生是推动实现美丽中国建设目标的应有之义。党的二十大把"美丽中国"建设作为基本实现社会主义现代化的重要目标之一。"坚持山水林田湖草沙一体化保护和系统治理，统筹产业结构调整、污染治理、生态保护、应对气候变化，协同推进降碳、减污、扩绿、增长，推进生态优先、节约集约、绿色低碳发展。"为建设美丽中国作出更为详尽的战略部署，提出更为明确的具体要求，把广泛形成绿色生产生活方式、碳排放达峰后稳中有降、生态环境根本好转、美丽中国建设目标基本实现作为到 2035 年基本实现社会主义现代化的远景目标之一。在"十四五"时期，为全面建设社会主义现代化国家开好局、起好步，推动生态文明建设实现新进步，建成富强民主文明和谐美丽的社会主义现代化强国，需要以建设人与自然和谐共生的现代化为重要抓手，坚定不移贯彻新发展理念，牢牢坚持生态优先、绿色发展，坚定不移走生产发展、生活富裕、生态良好的文明发展道路，向着美丽中国建设目标砥砺前行。

（五）中国式现代化是走和平发展道路的现代化

一些老牌资本主义国家走的是暴力掠夺殖民地的道路，是以其他国家落后为代价的现代化。中国始终坚持在维护世界和平中推动发展，在推动发展中促进世界和平。我国的现代化之路与奉行霸权主义、扩张主义的西方现代化有着本质的不同。

和平发展是中国共产党和中国人民根据自身历史和国情作出的正确选择。中华文明以和为贵、兼济天下、海纳百川，重视互学互鉴、兼收并蓄，致力于实现国泰民安、睦邻友好、天下太平的美好愿景，具有宏阔的视野、开放的胸襟。中华人民共和国成立后，我们秉承和平共处五项原则，为维护世界和平、促进共同发展开辟了光明前景，对世界历史进程产生了深远的影响。"中国不认同'国强必霸论'，中国人的血脉中没有称王称霸、穷兵黩武的基因"，中国将坚定不移走和平发展道路。

和平发展是中国现代化建设取得巨大成就的重要原因。改革开放以来，中国牢牢把握和平与发展这一时代主题，顺势而为，对内一心一意谋发展，对外高举和平、发展、合作、共赢的旗帜，始终奉行独立自主的和平外交政策，坚持互利共赢的开放战略，为维护世界和平稳定、促进共同发展不断作出新贡献。

中国的现代化成就，是靠中国共产党带领中国人民立足自身、艰苦奋斗、接续拼搏得来的，也是中国走和平发展道路的硕果。中华人民共和国成立 70 多年来，中国从没有主动挑起过任何一场战争和冲突。中国在坚定维护世界和平中谋求自身发展，又以自身发展更好维护世界和平。中国坚持开展对外援助，支持和帮助广大发展中国家消除贫困，是联合国维和行动第二大出资国和派出维和人员最多的联合国常任理事国。中国日益走近世界舞台的中央，将为全人类和平与繁荣不断作出更大贡献。

和平发展是全面建设社会主义现代化国家的必然选择。党的十八大后，面对"建设一个什么样的世界、怎样建设这个世界"等关乎人类前途命运的重大问题，习近平提出推动构建人类命运共同体，并提出构建新型国际关系、共建"一带一路"等一系列新理念、新主张、新倡议。构建人类命运共同体，彰显中华优秀传统文化和全人类的共同价值追求，总结和发展中国多年走和平发展道路的经验和智慧，着眼于实现中国人民同世界人民合作共赢、共同发展的共同利益，集中反映了新时代中国坚定不移走和平发展道路的信念、决心和行动。

新征程上，我们面对的是国内艰巨繁重的改革发展稳定任务，要顺应百年变局的趋势演变，紧紧抓住和平发展这一主线，增强抓住和用好新机遇的能力和自觉，持续为现代化建设谋求和平发展环境，大力推进社会主义现代化建设。我们将继续秉持人类命运共同体理念，推动构建相互尊重、公平正义、合作共赢的新型国际关系，高质量共建"一带一路"，积极参与全球治理体系变革，同世界各国一起共同发展、合作共赢，以现代化建设新成就为世界带来更多机遇。

三、中国式现代化的本质要求

党的二十大报告首次对中国式现代化的本质要求进行集中概括："坚持中国共产党领导，坚持中国特色社会主义，实现高质量发展，发展全过程人民民主，丰富人民精神世界，实现全体人民共同富裕，促进人与自然和谐共生，推动构建人类命运共同体，创造人类文明新形态。"中国式现代化的本质要求，深刻展现中国式现代化与西方现代化的差异，也是对中国在实现现代化过程中必须始终遵循的逻辑进行的诠释。

（一）坚持中国共产党领导

坚持和完善党的领导，是党和国家的根本所在、命脉所在，是全国各族人民的利益所在、幸福所在。中国共产党是中国式现代化的领导力量，也是中国式现代化沿着中国特色社会主义道路继往开来、持之以恒、一以贯之、赓续推进的可靠支撑，更是新时代中国式现代化创新发展、实现第二个百年奋斗目标的坚强保证。坚持中国共产党领导，是中国式现代化最鲜明的特征和最突出的优势，是推进中国式现代化必须坚持的最高原则。纵观中国共产党团结带领中国人民推进现代化建设的历程可以发现，正是因为坚持和加强党的全面领导，我国才能仅用几十年时间就走完发达国家几百年走过的工业化历程，创造了经济快速发展和社会长期稳定两大奇迹，才能如期全面建成小康社会、实现第一个百年奋斗目标，顺利开启全面建设社会主义现代化国家、实现第二个百年奋斗目标新征程。

（二）坚持中国特色社会主义

中国式现代化是社会主义制度条件下的现代化，社会主义制度决定了中国式现代化的基本性质和未来走向。社会主义性质是中国式现代化不同于西方现代化最显著、最根本的社会属性。我们推进的现代化，摒弃了西方以资本为中心的现代化、两极分化的现代化、物质主义膨胀的现代化。中国式现代化是中国特色社会主义发展道路的具体化，是近代以来中国人民长期奋斗历史逻辑、理论逻辑、实践逻辑的必然结果。历史事实表明，封闭僵化的老路是一条死路，改旗易帜的邪路是一条绝路，唯有中国特色社会主义道路和中国式现代化道路才是一条发展壮大中国、繁荣稳定中国的新路、正路、大路。

（三）实现高质量发展

发展是党执政兴国的第一要务。没有坚实的物质技术基础，就不可能全面建成社会主义现代化强国。党的十八大以来，以习近平同志为核心的党中央提出并贯彻新发展理念，着力推进高质量发展，推动构建新发展格局，实施供给侧结构性改革，制定一系列具有全局性意义的区域重大战略，我国经济实力实现历史性跃升。在党的领导下，我国经济实力、科技实力、综合国力跃上新台阶，经济迈上更高质量、更有效率、更加公平、更可持续、更为安全的发展之路。

（四）发展全过程人民民主

全过程人民民主是社会主义民主政治的本质属性。全过程人民民主实现了过程民主和成果民主、程序民主和实质民主、直接民主和间接民主、人民民主和国家意志相统一，是全链条、全方位、全覆盖的民主。我们坚持走中国特色社会主义政治发展道路，全面发展全过程人民民主，社会主义民主政治制度化、规范化、程序化全面推进，有效保证了人民当家作主。

■ **相关链接：全过程人民民主**

（五）丰富人民精神世界

我们要建设的社会主义现代化强国，不仅要在物质上强，更要在精神上强。必须坚持以丰富人民精神世界为方向，坚持中国特色社会主义文化发展道路，激发全民族文化创新创造活力，增强实现中华民族伟大复兴的精神力量。党的十八大以来，以习近平同志为核心的党中央确立和坚持马克思主义在意识形态领域指导地位的根本制度，社会主义核心价值观广泛传播，中华优秀传统文化得到创造性转化、创新性发展，文化事业日益繁荣，网络生态持续向好，不断满足人民群众多样化、多层次、多方面的精神文化需求，更好构筑中国精神、中国价值、中国力量，推动全党全国各族人民文化自信明显增强。

（六）实现全体人民共同富裕

推进中国式现代化必须坚持以人民为中心的发展思想，这就要努力在人的全面发展、全体人民共同富裕上取得更为明显的实质性进展。我们推动经济社会发展，归根结底是要实现全体人民共同富裕。要深入贯彻以人民为中心的发展思想，把满足人民对美好生活的新期待作为发展的出发点和落脚点，推动建设和谐社会，实现全体人民共同富裕。

（七）促进人与自然和谐共生

尊重自然、顺应自然、保护自然，是全面建设社会主义现代化国家的内在要求。生态环境是人类生存最为基础的条件，是我国持续发展最为重要的基础，现代化必须以人与自然和谐共生为基本前提。必须坚持以促进人与自然和谐共生为方向，牢固树立和践行绿水青山就是金山银山的理念，坚定不移走生产发展、生活富裕、生态良好的文明发展道路，实现中华民族永续发展。

（八）推动构建人类命运共同体

中国式现代化摒弃了一些国家通过战争、殖民、掠夺等方式实现现代化的老路，开创了通过合作共赢实现共同发展、和平发展的现代化发展模式，致力推动构建人类命运共同体，在坚定维护世界和平与发展中谋求自身发展，又以自身发展更好维护世界和平与发展。当前，世界百年变局和世纪疫情相互交织，各种安全挑战层出不穷，世界之变、时代之变、历史之变正以前所未有的方式展开，困难和挑战进一步告诉我们，人类是休戚与共的命运共同体，顺应和平、发展、合作、共赢的时代潮流，朝着构建人类命运共同体方向不断迈进，才能共同创造更加美好的未来。

（九）创造人类文明新形态

中国式现代化道路致力于促进全方位的社会进步。中国式现代化道路不局限于传统的、单纯意义上的经济增长，而是全方位的社会进步。中国式现代化从物质文明和精神文明"两手抓、两手都要硬"，到"经济建设、政治建设、文化建设、社会建设、生态文明建设"五位一体，内涵不断丰富，促进现代化建设各个环节、各个方面协调发展。中国式现代化是创造人类文明新形态的过程，拓展了发展中国家走向现代化的途径，给世界上那些既希望加快发展又希望保持自身独立性的国家和民族提供了全新选择，为解决人类问题贡献了中国智慧和中国方案。

四、实现中国式现代化发展目标的战略安排和重大原则

（一）两步走的战略部署

党的二十大指出，全面建成社会主义现代化强国，总的战略安排是分两步走：从 2020 年到 2035 年基本实现社会主义现代化；从 2035 年到 21 世纪中叶把我国建成富强民主文明和谐美丽的社会主义现代化强国。党的二十大还强调，未来五年是全面建设社会主义现代化国家开局起步的关键时期，从基本实现社会主义现代化到建成社会主义现代化强国，从实现未来五年的主要目标任务到实现 2035 年我国发展的总体目标。

这一战略部署，擘画出中华民族伟大复兴的宏伟蓝图，既观照历史又指向未来，具有厚重的民族历史感和明确的时代方向感。党的二十大，对全面建成社会主义现代化强国两步走战略安排进行宏观展望，对未来五年的战略任务和重大举措进行了重点部署。未来五年是全面建设社会主义现代化国家开局起步的关键时期，搞好这五年的发展对于实现第二个百年奋斗目标至关重要。

新时代为实现两步走的战略部署奠定了坚实的基础，实现中华民族伟大复兴进入了不可逆转的历史进程。经过新时代十年的砥砺奋进，以习近平同志为核心的党中央坚持党的领导、人民当家作主、依法治国有机

统一，坚持和完善支撑中国特色社会主义制度的根本制度、基本制度、重要制度，着力构建系统完备、科学规范、运行有效的制度体系，推动中国特色社会主义制度更加成熟更加定型，国家治理体系和治理能力现代化水平不断提高，为实现中华民族伟大复兴提供了更为完善的制度保证。我国经济发展平衡性、协调性、可持续性明显增强，2021年我国国内生产总值达到114万亿元，人均国内生产总值超过1.2万美元，我国经济迈上更高质量、更有效率、更加公平、更可持续、更为安全的发展之路，为实现中华民族伟大复兴提供了更为坚实的物质基础。

习近平新时代中国特色社会主义思想为实现两步走的战略部署汇聚了强大精神力量。习近平新时代中国特色社会主义思想实现了马克思主义中国化时代化新的飞跃，科学指引全党全国各族人民奋进新征程、建功新时代，全党全国各族人民文化自信明显增强，全社会凝聚力和向心力极大提升，中国人民的积极性、主动性、创造性进一步激发，志气、骨气、底气空前增强，党心军心民心昂扬振奋，有自信自强的精神力量成为我国发展的战略性有利条件，为实现中华民族伟大复兴提供了更为主动的精神力量。

（二）需要牢牢把握的重大原则

党的二十大报告指出："全面建设社会主义现代化国家，是一项伟大而艰巨的事业，前途光明，任重道远。""我国发展进入战略机遇和风险挑战并存、不确定难预料因素增多的时期，各种'黑天鹅''灰犀牛'事件随时可能发生。"只有把握好五个重大原则，才能确保我国社会主义现代化建设正确方向，才能把国家和民族发展放在自己力量的基点上、把中国发展进步的命运牢牢掌握在自己手中，才能让现代化建设成果更多更公平惠及全体人民，才能把我国制度优势更好转化为国家治理效能。我们必须增强忧患意识，坚持底线思维，做到居安思危、未雨绸缪，准备经受风高浪急甚至惊涛骇浪的重大考验。

1. 坚持和加强党的全面领导

中国共产党领导是全面建设社会主义现代化国家的根本保证。坚持党的领导，既是中国式现代化的重大政治原则，也是中国式现代化的根本政治优势，没有中国共产党的领导，我们的国家和民族就不能取得今天这样的成就。纵观中国共产党团结带领中国人民推进现代化建设的历程可以发现，正是因为坚持和加强党的全面领导，我国才能仅用几十年时间就走完发达国家几百年走过的工业化历程，创造了经济快速发展和社会长期稳定两大奇迹，才能如期全面建成小康社会、实现第一个百年奋斗目标，顺利开启全面建设社会主义现代化国家、实现第二个百年奋斗目标新征程。

坚持和加强党的全面领导，全面建设社会主义现代化国家就有了正确方向。中国共产党是执政党，党的领导是做好党和国家各项工作的根本保证，是我国政治稳定、经济发展、民族团结、社会稳定的根本点，绝对不能有丝毫动摇。只有始终坚持党的领导，才能确保中国式现代化体现社会主义的本质要求。在全面建设社会主义现代化国家新征程上，我们要自觉坚持和加强党的全面领导，坚持党中央集中统一领导，深刻领悟"两个确立"的决定性意义，进一步增强"四个意识"、坚定"四个自信"、做到"两个维护"，确保中国式现代化始终沿着正确方向前进。

2. 坚持中国特色社会主义道路

中国特色社会主义是中国式现代化建设的根本指向。社会主义性质是中国式现代化不同于西方现代化最显著、最根本的社会属性。社会主义是中国式现代化的制度基础，中国式现代化以中国特色社会主义为根本取向，以中国式现代化全面推进中华民族伟大复兴，必须始终坚持党的全面领导，必须高举中国特色社会主义伟大旗帜。社会主义的本质属性决定了中国式现代化的根本性质和根本方向，凸显了中国式现代化的独特优势。

中国式现代化是中国特色社会主义发展道路的具体化。"以中国式现代化全面推进中华民族伟大复兴"是我们事业取得成功的重要经验。中国特色社会主义和中国式现代化，既为实现中华民族伟大复兴的中国梦指明了方向，又是实现民族复兴中国梦的根本保障。事实证明，要全面建设社会主义现代化强国，实现中华民族伟大复兴，必须坚定不移坚持和发展中国特色社会主义和中国式现代化。

3. 坚持以人民为中心的发展思想

"江山就是人民，人民就是江山。"人民是我们党执政的最大底气，是党和国家最深厚的根基。小康梦、强国梦、中国梦，归根到底是老百姓的"幸福梦"。中国共产党的一切奋斗都是为人民谋幸福。要始终与人民同呼吸、共命运、心连心，始终保持党同人民的血肉联系；坚持贯彻以人民为中心的发展思想，坚持人民主体地位，做到发展为了人民、发展依靠人民、发展成果由人民共享；弘扬实事求是的作风，真抓实干解民忧、纾民怨、暖民心，力戒形式主义、官僚主义，持续深入推进反腐败斗争。

我们党所做的一切，都是为了让人民生活得更加幸福、更有尊严。我们要实现好、维护好、发展好最广大人民根本利益，紧紧抓住人民最关心最直接最现实的利益问题，坚持尽力而为、量力而行，深入群众、深入基层，采取更多惠民生、暖民心举措，着力解决好人民群众急难愁盼问题，健全基本公共服务体系，提高公共服务水平，增强均衡性和可及性，扎实推进共同富裕。

4. 坚持深化改革开放

"改革开放是决定当代中国命运的关键一招，也是决定实现'两个一百年'奋斗目标、实现中华民族伟大复兴的关键一招"。回顾改革开放以来的伟大实践，每一次重大改革都给党和国家发展注入了新的活力、给事业前进增添了强大动力，党和人民事业就是在不断深化改革中波浪式向前推进的。实践证明，40多年来，改革开放极大改变了中国的面貌、中华民族的面貌、中国人民的面貌、中国共产党的面貌。中华民族迎来了从站起来、富起来到强起来的伟大飞跃，中国特色社会主义迎来了从创立、发展到完善的伟大飞跃，中国人民迎来了从温饱不足到小康富裕的伟大飞跃，中华民族以崭新姿态屹立于世界的东方。

未来五年是我国在全面建成小康社会、实现第一个百年奋斗目标之后，乘势而上开启全面建设社会主义现代化国家新征程、向第二个百年奋斗目标进军的第一个五年。"中国要抓住机遇、迎接挑战，实现新的更大发展，从根本上还要靠改革开放。"我们要深入推进改革创新，坚定不移扩大开放，着力破解深层次体制机制障碍，不断彰显中国特色社会主义制度优势，不断增强社会主义现代化建设的动力和活力，把我国制度优势更好转化为国家治理效能，以改革开放精神奋力推进百年奋斗目标。

5. 坚持发扬斗争精神

中华民族伟大复兴不可能轻轻松松、一帆风顺，必然要经历一番艰苦的磨炼和斗争。党的十八大以来，习近平从全局和战略高度，反复强调我们正在进行具有许多新的历史特点的伟大斗争，并对发扬斗争精神、增强斗争本领作出一系列重要论述。十年来，以习近平同志为核心的党中央在事关中国特色社会主义前途命运的大是大非问题上旗帜鲜明，在全面深化改革上坚定不移，在全面从严治党上持之以恒，在维护国家核心利益上寸步不让，团结带领全国人民应变局、化危机、斗洪水、抗地震、战疫情，披荆斩棘、攻坚克难，较真碰硬、坚决斗争，取得了一场又一场伟大胜利，打开了事业发展新天地。

全面建设社会主义现代化国家新的赶考路上，面临的风险和考验只会越来越多，各种斗争不是短期的而是长期的。习近平告诫全党，"必须清醒认识前进道路上进行伟大斗争的长期性、复杂性、艰巨性，坚持底线思维，增强忧患意识，发扬斗争精神，提高斗争本领"，强调要增强全党全国各族人民的志气、骨气、底气，不信邪、不怕鬼、不怕压，知难而进、迎难而上，统筹发展和安全，全力战胜前进道路上各种困难和挑战，依靠顽强斗争打开事业发展新天地。

■ 相关链接：敢于斗争、善于斗争

"中国式现代化是中国共产党和中国人民长期实践探索的成果，是一项伟大而艰巨的事业。惟其艰巨，所以伟大；惟其艰巨，更显荣光。"中国式现代化扎根中国大地，切合中国实际。从现在起，中国共产党的中心任务就是团结带领全国各族人民全面建成社会主义现代化强国、实现第二个百年奋斗目标，以中国式现代化全面推进中华民族伟大复兴。宏伟目标令人期待。我们要始终把国家和民族发展放在自己力量的基点上、把中国发展进步的命运牢牢掌握在自己手中，自信自强、守正创新，踔厉奋发、勇毅前行，不断努力创造出无愧于党、无愧于人民、无愧于时代的新业绩，奋力谱写全面建设社会主义现代化国家新篇章。

阅读资料

1. 习近平：《高举中国特色社会主义伟大旗帜　为全面建设社会主义现代化国家而团结奋斗——在中国共产党第二十次全国代表大会上的报告》，人民出版社 2022 年版。
2. 习近平：《扎实推动共同富裕》，《求是》2021 年第 20 期。
3. 人民日报理论部编：《中国式现代化》，东方出版社 2022 年版。
4. 《中共中央关于党的百年奋斗重大成就和历史经验的决议》，人民出版社 2021 年版。

思考题

1. 如何理解党领导的中国式现代化的具体特征？
2. 如何把握中国式现代化的本质要求？

专题四
党的十八大以来我国经济发展成就及未来前景展望

党的十八大以来，我们党团结带领全国各族人民，如期完成脱贫攻坚、全面建成小康社会的历史任务，实现了第一个百年奋斗目标，开启全面建设社会主义现代化国家、向第二个百年奋斗目标进军新征程，中华民族伟大复兴进入不可逆转的历史进程。未来五年是全面建设社会主义现代化国家开局起步的关键时期，高质量发展是全面建设社会主义现代化国家的首要任务，发展是党执政兴国的第一要务，必须坚持以推动高质量发展为主题，把实施扩大内需战略同深化供给侧结构性改革有机结合起来，增强国内大循环内生动力和可靠性，提升国际循环质量和水平，加快建设现代化经济体系，着力提高全要素生产率，着力提升产业链供应链韧性，着力推进城乡融合和区域协调发展，推动经济实现质的有效提升和量的合理增长，以中国式现代化全面推进中华民族伟大复兴。

一、党的十八大以来经济发展取得历史性伟大成就

党的十八大以来，以习近平同志为核心的党中央团结带领全党全国各族人民，坚持立足新发展阶段，贯彻新发展理念，构建新发展格局，着力推动高质量发展，主动积极应对世界百年变局叠加世纪疫情带来的种种风险挑战，解决了许多长期没有解决的发展难题，办成了许多事关长远的大事要事，国家经济实力、科技实力、综合国力和国际影响力都跃上了一个大台阶。

（一）创新和完善宏观经济治理，经济实力实现历史性跃升

我们坚持稳中求进工作总基调，创新和完善宏观经济治理，有效应对新冠肺炎疫情等严峻挑战，有力抵御国内外经济领域重大风险，我国经济持续健康发展，综合国力显著增强，国际影响力稳步提升。

经济总量迈上大台阶。过去十年我国经济总量由 50 万亿元跃升至 110 万亿元，国内生产总值从 2012 年的 53.9 万亿元增长到 2021 年的 114.4 万亿元，2013—2021 年，年均实际增长 6.6%，高于同期世界 2.6% 和发展中经济体 3.7% 的平均增长水平。我国经济占全球份额稳步提升，国际影响力与日俱增。按年平均汇率折算，2021 年我国经济总量 17.7 万亿美元，占世界经济的比重达 18.5%，比 2012 年提高 7.2 个百分点，稳居世界第二位。2013—2021 年，我国对世界经济增长的平均贡献率超过 30%，居世界第一。我国人均国内生产总值（GDP）从 2012 年的 39 771 元增长至 2021 年的 80 976 元，2013—2021 年，年均实际增长 6.1%；2021 年按年平均汇率折算我国人均 GDP 达 12 551 美元，超过世界平均水平，稳居上中等收入国家行列，接近世界银行划分的高收入国家门槛值。

财政实力显著增强。随着我国经济的稳步增长，全国一般公共预算收入总体保持平稳增长，国家财政实力持续增强。党的十八大以来，在全面实施"营改增"、深化增值税改革等一系列减税降费措施的情况下，国家财政实力不断迈上新台阶，全国一般公共预算收入从 2012 年的 11.7 万亿元增长到 2021 年的 20.3 万亿元，按同口径计算，2013—2021 年，年均增长 5.8%。财政收入规模不断扩大，对促进经济发展、保障改善民生、调整经济结构、有效防范风险提供了坚实资金保障。

外汇储备稳居世界第一。国际收支自主平衡总体格局基本形成，跨境资金流动相对均衡，外汇储备总体稳定。党的十八大以来，随着经济发展进入新常态，我国外汇储备告别了高速增长阶段，但规模总体稳定在 3 万亿美元以上，国际收支支付和外债偿还能力保持在较高水平，2021 年末我国外汇储备达到 32 502 亿美元，连续 16 年稳居世界第一。在外部形势

复杂严峻、不确定性上升的背景下，庞大稳定的外汇储备规模为我国经济抵御外部风险冲击提供了有力保障。

（二）发展基础全面夯实，基础设施建设取得重大成就

现代化基础设施体系建设稳步推进，新型基础设施建设步伐加快，新一代信息网络快速发展，基础设施保障能力显著提高，为促进经济平稳健康发展，保障和改善民生创造有利条件。

交通设施建设日趋完善。党的十八大以来，综合交通运输体系建设取得了历史性成就。四通八达的综合运输网络逐步完善，"十纵十横"综合运输大通道基本贯通，建成全球最大的高速铁路网、高速公路网。2012—2021年末，铁路营业里程由9.8万公里增加至15.1万公里；其中高速铁路营业里程由不到1万公里增加到4万公里，高速铁路对百万人口以上城市覆盖率超过95%。公路里程由424万公里增加到528万公里，其中高速公路里程由9.6万公里增加到16.9万公里，高速公路对20万人口以上城市覆盖率超过98%。民航定期航班航线里程由328万公里增加到690万公里，定期航班通航机场由180个增加到248个，覆盖92%左右的地级市。

信息设施建设成效显著。党的十八大以来，"宽带中国""网络强国"战略加快实施，我国快速构建高速、移动、安全的新一代信息基础设施，建成了全球规模最大的光纤网络和4G、5G网络，信息通信服务较快发展。2021年，我国移动互联网接入流量2 216亿GB，是2012年的252倍。互联网普及率明显提高，2021年，互联网上网人数达10.32亿人，比2012年增长83%；互联网普及率升至73%，提高30.9个百分点。5G网络发展势头强劲，2021年末，累计建成并开通5G基站142.5万个，已建成全球最大5G网，5G基站总量占全球比重达60%以上，居全球首位。

（三）创新发展动能增强，创新型国家建设成果丰硕

创新驱动发展战略深入实施，国家战略科技力量不断强化，创新型国家建设稳步推进，创新引领作用显著增强，新动能苗壮成长，经济发展方式加快转变，全社会的创新活力和创造潜能得到激发。

科技创新投入快速增加。经费投入是开展科技创新活动的前提和保障。我国研发经费总量在 2013 年超过日本，成为世界第二大研发经费投入国。2021 年，我国研究与试验发展（R&D）经费支出 27 956 亿元，为 2012 年的 2.7 倍，年均增长 11.7%，增速大幅领先于美国（6.5%）、欧盟（3.5%）、日本（1.3%）等主要经济体；研发经费支出与国内生产总值之比为 2.44%，比 2012 年提高 0.53 个百分点，已接近经济合作与发展组织（OECD）国家疫情前 2.47% 的平均水平。科教兴国、人才强国战略扎实推进，研发人员总量稳居世界首位。2021 年，按折合全时工作量计算的全国研发人员总量为 562 万人年，比 2012 年增长 73.1%，自 2013 年超过美国以来连续 9 年稳居世界第一。

国家战略科技力量不断强化。科技实力正从量的积累迈向质的飞跃，我国在全球创新指数中的排名由 2012 年的第 34 位跃升至 2021 年的第 12 位。量子信息、铁基超导、干细胞、合成生物学等基础前沿研究涌现出一系列重大原创成果，"天问一号"探测器成功着陆火星，中国人首次进入自己的空间站，"奋斗者"号全海深载人潜水器成功完成万米海试，北斗导航全球组网，超导量子计算原型机"祖冲之号"成功问世。专利申请授权明显增加，2021 年，国内外专利申请授权量 460.1 万件，比 2012 年增长 2.7 倍；我国申请人通过专利合作条约（PCT）途径提交的国际专利申请达 6.95 万件，连续 3 年位居全球首位。

科技创新动能加速壮大。随着"互联网+"深入推进，基于移动互联、物联网新技术的新产业、新业态、新商业模式蓬勃发展。2021 年，我国"三新"经济增加值占 GDP 的比重达 17.25%，比 2016 年提高 1.88 个百分点。产业信息化、数字化成为改造提升传统产业、实现高质量发展

的有力引擎，2021 年，近半数规模以上工业企业开展了信息化转型创新活动。新一代信息技术飞速突破，催生大数据、云计算、区块链应用不断深化，数字产业化开辟经济发展新天地。2021 年，我国独角兽企业已超过 300 家，总估值超过 1.5 万亿美元。2020 年以来，新动能快速发展，为抵御疫情冲击和推动经济恢复发挥了重要作用，成为推动经济高质量发展的新引擎。

（四）协调发展成效显著，经济结构持续优化

深入推进供给侧结构性改革，加快推进新型城镇化和乡村振兴战略，经济结构调整取得新进展，产业结构不断优化，需求结构持续改善，区域发展空间布局持续优化，经济发展的平衡性、协调性、可持续性明显增强。

供给侧结构性改革持续深化。"制造强国"战略加快实施，产业发展向中高端迈进。2021 年，制造业增加值达 31.4 万亿元，比 2012 年实际增长 74.3%，2013—2021 年，年均增长 6.4%。2013—2021 年，规模以上高技术制造业、装备制造业增加值年均分别增长 11.6%、9.2%，分别快于规模以上工业 4.8、2.4 个百分点。服务业发展量增质升。2021 年，服务业增加值达到 61 万亿元，比 2012 年实际增长 90.7%，2013—2021 年，年均增长 7.4%。劳动生产效率持续提高。2021 年，全员劳动生产率（按 2020 年价格计算）为 146 380 元 / 人，比 2012 年增长 80.3%，2013—2021 年，年均增长 6.8%。

■ **相关链接：供给侧结构性改革**

需求结构不断优化。2021 年，最终消费支出对经济增长的贡献率为 65.4%，比 2012 年提高 10 个百分点，是经济增长第一拉动力。投资对优化供给结构的关键性作用持续发挥，积极扩大有效投资，增强发展内生动力，为积极应对外部环境变化、促进经济高质量发展奠定坚实基础。服务

业和民间投资较快增长，2013—2021 年，第三产业投资、民间投资年均增长 8.9%。我国投资率从 2012 年的 46.2% 回落至 2021 年的 43%。对外贸易稳中提质，开放水平不断提升。我国坚定不移扩大高水平对外开放，深化"放管服"改革，加快培育外贸竞争新优势，外贸规模持续扩大，质量效益不断提升，有力带动国民经济增长。货物贸易大国地位不断稳固，质量稳步提升，2021 年，我国货物贸易进出口总额首次突破 6 万亿美元，规模再上新台阶。知识密集型服务贸易稳定增长，服务贸易发展更加均衡。

新型城镇化和乡村振兴扎实推进。以人为核心的新型城镇化持续推进，2021 年年末，我国常住人口城镇化率为 64.72%，比 2012 年末提高 11.62 个百分点，年均提高 1.29 个百分点。乡村建设全面提速，2021 年农村自来水普及率达到 84%，现有行政村全面实现村村通宽带，具备条件的建制村全部通硬化路。城乡发展差距进一步缩小，城乡居民人均可支配收入之比由 2012 年的 2.88 缩小至 2021 年的 2.5，人均消费支出之比由 2.57 缩小至 1.9。

区域协调发展新格局加速构建。持续推进区域重大战略和区域协调发展战略，有力推动各地区合理分工、优势互补，区域协调发展体制机制更加健全，经济增长潜力进一步显现，区域发展新格局逐步构建。东中西和东北"四大板块"联动发展。2013—2021 年，中部、西部地区生产总值年均增速分别为 7.5%、7.7%，分别快于东部地区 0.5、0.7 个百分点。京津冀协同发展、长江经济带发展、粤港澳大湾区建设、长三角一体化发展、黄河流域生态保护和高质量发展等区域重大战略有效实施。城市群和都市圈承载能力不断提高，成渝地区双城经济圈等发展活力提升，一批中心城市辐射带动作用日益增强。

（五）绿色发展态势向好，生态文明建设深入推进

"绿水青山就是金山银山"理念深入人心，绿色发展、循环发展、低碳发展扎实推进，美丽中国建设加快，我国生态环境质量持续改善，逐步

走上生产发展、生活富裕、生态良好的文明发展道路。

污染防治攻坚战成效显著。蓝天、碧水、净土保卫战取得重大战略成果。2021 年，全国地级及以上城市平均空气质量优良天数比例为 87.5%，比 2015 年提高 6.3 个百分点；细颗粒物（PM2.5）年均浓度为 30 微克 / 立方米，下降 34.8%；全国地表水考核断面中，水质优良（Ⅰ~Ⅲ类）断面比例为 84.9%，比 2012 年提高 23.3 个百分点。土壤环境状况得到改善，2021 年全国受污染耕地安全利用率稳定在 90% 以上。

能源清洁低碳转型加快推进。能源革命深入推动，碳达峰碳中和有序推进，能源生产和消费向清洁低碳、安全高效转变。2021 年，天然气、水核风光电等清洁能源占能源生产总量的比重为 26.4%，比 2012 年提高 11.1 个百分点；占能源消费总量的比重为 25.5%，提高 11 个百分点。节能降耗成效显著。2021 年，单位国内生产总值能耗比 2012 年累计降低 26.4%，年均下降 3.3%。

■ **相关链接：碳达峰碳中和**

生态修复取得积极进展。国土绿化取得明显成效。2013—2021 年，全国累计造林总面积约 5 944 万公顷。2021 年，全国森林覆盖率达 23.04%，比第八次全国森林资源清查（2009—2013 年）结果提高 1.41 个百分点。水土流失治理持续推进。2013—2021 年，累计新增水土流失综合治理面积 53.4 万平方公里。自然保护体系更加完善。2021 年末，共有国家级自然保护区 474 个，国家公园 5 个，加快构建以国家公园为主体的自然保护体系。

（六）开放发展成果丰硕，全面开放新格局加快形成

坚持对内对外开放相互促进、"引进来"和"走出去"更好结合，贸易强国建设纵深推进，互利共赢、多元平衡、安全高效的开放型经济体系加快构建，更大范围、更宽领域、更深层次对外开放格局逐步形成，我国

国际经济合作和竞争新优势不断增强。

贸易规模迈上新台阶。货物贸易持续扩大，服务贸易加快发展，我国贸易大国地位日益巩固。2020 年，我国货物和服务贸易总额达 5.3 万亿美元，首次超过美国成为全球第一大贸易国。2021 年，货物和服务贸易总额达 6.9 万亿美元，继续保持世界第一。其中，货物贸易总额达 6.05 万亿美元，比 2012 年增长 56.5%，连续五年居世界第一；服务贸易总额达 8 212 亿美元，比 2012 年增长 70.1%，保持世界第二。

贸易结构不断优化。一般贸易占比稳步提升。2021 年，一般贸易进出口占进出口总额的比重达 61.6%，比 2012 年提高 9.6 个百分点。资金技术密集型产品出口快速增长。2021 年，机电产品、高新技术产品出口额分别比 2012 年增长 68.4%、62.9%，增速明显快于全部出口。高附加值服务出口增势强劲。2021 年，电信、计算机和信息服务出口，金融服务出口额分别为 2012 年的 5 倍、2.7 倍。

双向投资稳居世界前列。在全球跨境投资低迷的背景下，我国外商投资规模不断扩大，成为吸引全球投资的热土。2021 年，我国实际使用外资 1 735 亿美元，比 2012 年增长 53.1%，再创历史新高，保持全球第二。对外投资稳步增长，2021 年我国对外直接投资额达 1 452 亿美元。2013—2021 年，我国累计非金融类对外直接投资 11 281 亿美元，稳居世界前列。

共建"一带一路"成效显著。2021 年末，我国已与 170 多个国家和国际组织签署 200 多份共建"一带一路"合作文件，涵盖投资、贸易、金融、科技、社会、人文、民生等领域。2013—2021 年，我国与"一带一路"沿线国家进出口额从 6.5 万亿元增至 11.6 万亿元，年均增长 7.5%，占同期进出口总额比重由 25% 提升至 29.7%；我国对"一带一路"沿线国家直接投资额累计达 1 613 亿美元。中欧班列发展迅速，截至 2022 年 10 月累计开行突破 6 万列，已通达欧洲 24 个国家、204 个城市。目前，我国已建立 21 个自贸区，与 26 个国家和地区签署 19 个自贸协定。2022 年 1 月 1 日，区域全面经济伙伴关系协定（RCEP）生效实施，全球最大的自贸区正式启航。

（七）共享发展持续加强，居民生活水平稳步提高

坚决打赢脱贫攻坚战，不断提高贫困地区人民生活水平，全力扩大就业，积极增加居民收入，聚焦人民群众急难愁盼问题，加强普惠性、基础性、兜底性民生建设，社会保障体系建设不断加强，人民生活水平持续提升。

绝对贫困历史性消除。脱贫攻坚战取得全面胜利，现行贫困标准下，2013—2020 年，全国农村贫困人口累计减少 9 899 万人，年均减贫 1 237 万人，贫困发生率年均下降 1.3 个百分点。贫困群众生活水平显著改善。2013—2020 年，贫困地区农村居民人均可支配收入年均实际增长 9.2%，快于全国农村居民 2.2 个百分点。面对新冠肺炎疫情的冲击，2021 年，各方面推动巩固拓展脱贫攻坚成果与乡村振兴有效衔接，守住了不发生规模性返贫的底线。

就业形势基本稳定。就业优先战略深入实施，就业规模稳步扩大。2013—2021 年，全国就业人员稳定在 7.4 亿人以上，城镇新增就业人数每年保持在 1 100 万人以上。农民工继续增加。2021 年，全国农民工总量达 29 251 万人，比 2012 年增加 2 990 万人，年均增长 1.2%。就业结构不断优化。2021 年，第三产业就业人员占全部就业人员比重达 48%，比 2012 年提高 11.9 个百分点。城镇调查失业率总体稳定。2018—2021 年，城镇调查失业率分别为 4.9%、5.2%、5.6%、5.1%。

居民生活水平稳步改善。居民收入与经济同步增长。2021 年，全国居民人均可支配收入 35 128 元，比 2012 年增加 18 618 元，年均实际增长 6.6%，快于同期人均国内生产总值年均增速 0.5 个百分点。居民消费水平不断提升。2021 年，全国居民人均消费支出 24 100 元，比 2012 年增加 12 046 元，年均实际增长 5.9%。居民消费升级态势明显。2021 年，全国居民恩格尔系数为 29.8%，比 2012 年下降 3.2 个百分点。

■ 相关链接：恩格尔系数

（八）统筹发展和安全，安全保障能力持续提升

我国在推进经济平稳发展的同时，坚持总体国家安全观，统筹好发展和安全，实施国家安全战略，不断强化经济安全风险预警、防控机制和能力建设，着力在保障粮食安全、保障能源安全、维护产业链供应链安全稳定上下功夫，我国经济安全得到全面加强。

粮食安全得到有力保障。随着一系列强农惠农政策落实，农业综合生产能力不断提高，确保了国家粮食安全和重要农产品供给。2021年，我国粮食产量13 657亿斤，比2012年增产11.5%，连续7年稳定在1.3万亿斤以上。2015—2021年，谷物总产量保持在6亿吨以上，稳居世界首位；肉类、水果、花生、籽棉、茶叶等农产品产量均保持世界第一。农业科技创新和机械化步伐加快。2021年，农业科技进步贡献率超过60%，农作物耕种收综合机械化率超过70%。

能源安全供应能力稳步提升。近年来我国推动能源消费革命、供给革命、技术革命、体制革命和全方位加强国际合作的"四个革命、一个合作"的能源安全新战略，有力保障了经济社会发展和民生用能需求。2021年，我国一次能源生产总量43.3亿吨标准煤，比2012年增长23.2%，年均增长2.3%。其中，原煤产量41.3亿吨，创历史新高，比2012年增长4.6%；天然气产量2 076亿立方米，增长87.7%，年均增长7.2%；原油产量1.99亿吨，供给总体稳定。2021年末，全国发电装机容量23.8亿千瓦，比2012年末增长1.1倍，年均增长8.4%；水电、风电、太阳能发电装机和核电在建规模稳居世界第一，成为全球非化石能源的引领者。

产业链供应链自主可控能力持续增强。我国通过不断调整完善产业链应对外部环境变化和潜在风险冲击。我国已成为全球唯一制造业全产业链国家，产业链供应链自主可控能力不断提升，为打造以国内大循环为主体、国内国际双循环相互促进的新发展格局提供可靠支撑。制造业国产化率提升，产业链供应链总体自主可控。产业链自给率较高，在输变

电、轨道交通设备、工程机械、家用电器等多个领域的终端产品方面具有全球领先优势。重点产业和关键领域保持平稳运行，大宗商品、原材料保供稳价有力有序，技术创新能力不断增强，产业链供应链韧性持续提升。

二、新时代十年经济高质量发展的重要经验

在新时代十年推动高质量发展的经济实践中，形成和积累了很多弥足珍贵的历史经验，主要包括以下几个方面。

（一）必须坚持党对经济工作的全面领导

中国共产党领导是中国特色社会主义最本质的特征，是中国特色社会主义制度的最大优势。党的十八大以来，我国之所以能克服一个又一个风险挑战，推动经济发展质量和效益全面提升，续写经济快速发展和社会长期稳定"两大奇迹"，最根本的原因是有以习近平同志为核心的党中央领航掌舵，有习近平新时代中国特色社会主义思想的科学指引。中国经济像一艘巨轮，体量越大、风浪越大，领航掌舵越重要；越是形势复杂、任务艰巨，越要发挥党的领导这一"定海神针"作用。新征程上，必须坚决拥护"两个确立"，坚决做到"两个维护"，确保执行党中央战略决策不偏向、不变通、不走样，不折不扣，坚定有力地完成好推动经济高质量发展的各项目标任务。

（二）必须坚持以人民为中心

增进民生福祉是发展的根本目的，人民对美好生活的向往就是我们的奋斗目标。随着我国社会主要矛盾的转化，人民对美好生活的向往更加强烈，推动经济高质量发展，就是从"有没有"转向"好不好"。党的十八大以来，以习近平同志为核心的党中央鲜明提出坚持以人民为中心的发展思想，把增进人民福祉、促进人的全面发展、朝着共同富裕方向稳步前进

作为经济发展的出发点和落脚点。新征程上，必须紧紧抓住人民最关心最直接最现实的利益问题，着力补齐民生短板、办好民生实事，让发展成果更多更公平惠及全体人民。

（三）必须坚持完整、准确、全面贯彻新发展理念

理念是行动的先导，发展理念从根本上决定着发展方式和成效，高质量发展就是体现新发展理念的发展。党的十八大以来，以习近平同志为核心的党中央对发展理念和思路作出及时调整，提出创新、协调、绿色、开放、共享的新发展理念，明确了我国现代化建设的指导原则，有力指导了我国新的发展实践。只有完整准确全面贯彻新发展理念，才能有效破解一系列结构性、周期性、体制性问题，才能有效应对外部冲击，不断提高发展质量和效益，保持经济平稳健康可持续发展。新征程上，必须努力实现创新成为第一动力、协调成为内生特点、绿色成为普遍形态、开放成为必由之路、共享成为根本目的的发展。

（四）必须坚持问题导向和目标导向

党的十八大以来，以习近平同志为核心的党中央坚持把解决实际问题作为打开工作局面的突破口，奔着问题去，向着目标走，更加精准地贯彻新发展理念，深入推进新旧动能转换、发展格局调整、社会结构变化，推动我国经济迈向更高质量、更有效率、更加公平、更可持续、更为安全的发展。新征程上，必须坚持发展第一要务，紧紧抓住解决不平衡不充分的发展问题，着力在补短板、强弱项、固底板、扬优势上下功夫，努力实现各项目标任务。

（五）必须坚持向改革开放创新要动力

改革开放是决定当代中国前途命运的关键一招，创新是引领发展的第一动力。党的十八大以来，以习近平同志为核心的党中央坚持统筹国内国际两个大局，坚定不移推进全面深化改革，着力构建开放型经济新体制，

深入实施创新驱动发展战略，阻滞经济循环的堵点、卡点不断破除，经济发展的活力大幅提升、动力持续释放。新征程上，必须坚持开拓创新，坚持社会主义市场经济改革方向，坚持高水平开放，正确处理国内循环与国际循环、自立自强与开放合作等关系，不断解放和发展社会生产力，实现经济由大到强的新跨越。

（六）必须坚持统筹好发展和安全

安全是发展的前提，发展是安全的保障。统筹发展和安全，增强忧患意识，做到居安思危，是我们党治国理政的一个重大原则。党的十八大以来，以习近平同志为核心的党中央坚持总体国家安全观，从容应对国内外形势的深刻复杂变化，着力破解各种矛盾和问题，发展的安全保障能力持续提升。新征程上，世界百年未有之大变局加速演进，我国发展面临的环境更加复杂严峻，必须坚持底线思维，推进国家安全体系和能力现代化建设，有效防范化解各类风险挑战，实现高质量发展和高水平安全的良性互动，确保全面建设社会主义现代化国家顺利推进。

三、新时代新征程中国式现代化的战略部署

全面建成社会主义现代化强国、实现第二个百年奋斗目标，以中国式现代化全面推进中华民族伟大复兴，是新时代新征程中国共产党的中心任务。习近平就建设什么样的社会主义现代化强国、怎样建设社会主义现代化强国，提出一系列原创性的新理念新思想新战略，是指引我们前进的强大思想武器。党的二十大对全面建成社会主义现代化强国作出"分两步走"总的战略安排，明确了到 2035 年和 21 世纪中叶我国发展的总体目标，擘画了第二个百年奋斗目标的美好图景，赋予社会主义现代化强国新的丰富内涵，具有重大而深远的意义。

（一）中国式现代化的理论内涵、中国特色、本质要求和重大原则

党的二十大深刻阐释了中国式现代化的理论内涵、中国特色、本质要求和重大原则，擘画了全面建设社会主义现代化国家、全面推进中华民族伟大复兴的宏伟蓝图，为新时代新征程党和国家事业发展、实现第二个百年奋斗目标指明了前进方向、确立了行动指南。

从理论内涵看，中国式现代化，是中国共产党领导的社会主义现代化，既有各国现代化的共同特征，更有基于自己国情的中国特色。从中国特色看，中国式现代化是人口规模巨大的现代化，是全体人民共同富裕的现代化，是物质文明和精神文明相协调的现代化，是人与自然和谐共生的现代化，是走和平发展道路的现代化。中国式现代化的本质要求是：坚持中国共产党领导，坚持中国特色社会主义，实现高质量发展，发展全过程人民民主，丰富人民精神世界，实现全体人民共同富裕，促进人与自然和谐共生，推动构建人类命运共同体，创造人类文明新形态。前进道路上，中国式现代化必须牢牢把握以下重大原则：坚持和加强党的全面领导，坚持中国特色社会主义道路，坚持以人民为中心的发展思想，坚持深化改革开放，坚持发扬斗争精神。

（二）全面推进中国式现代化建设目标的战略安排

党的二十大指出，全面建成社会主义现代化强国，总的战略安排是分两步走：从 2020 年到 2035 年基本实现社会主义现代化；从 2035 年到 21 世纪中叶把我国建成富强民主文明和谐美丽的社会主义现代化强国。这一战略安排，明确了全面建成社会主义现代化强国的时间表、路线图，展现了中华民族伟大复兴的壮丽前景，令人鼓舞、催人奋进。

全面建成社会主义现代化强国两步走战略安排，既体现了我们党在社会主义现代化建设战略目标上的一贯性、整体性，又符合实践发展的连续性、阶段性和时代性。建设一个现代化的强国，是近代以来中国人的梦

想。中华人民共和国的成立，社会主义制度的建立，为实现社会主义现代化提供了根本社会条件、政治前提和制度基础。我们党始终将实现社会主义现代化作为战略目标，咬定青山不放松，进行了艰辛探索，作出了不懈努力。20世纪五六十年代，我们党明确要"把我国建设成为一个强大的社会主义国家"，并提出基本实现"四个现代化"的两步走战略。改革开放之后，党根据国际环境变化和我国发展实际，对推进社会主义现代化建设作出战略安排，提出三步走战略目标，就是到20世纪80年代末解决人民温饱问题，到20世纪末使人民生活达到小康水平，到21世纪中叶基本实现现代化。进入新世纪，在现代化建设的前两步战略目标实现之后，党又提出到2020年全面建成惠及十几亿人口的更高水平的小康社会目标。

党的十八大以来，中国特色社会主义进入新时代，党明确提出"两个一百年"奋斗目标，在中国共产党成立一百年时全面建成小康社会，在新中国成立一百年时建成富强民主文明和谐的社会主义现代化国家。党的十九大报告对实现第二个百年奋斗目标作出分两个阶段推进的战略安排，明确提出到2035年基本实现社会主义现代化，到21世纪中叶把我国建成富强民主文明和谐美丽的社会主义现代化强国。这个战略安排，把基本实现现代化的时间比原先提前了15年，首次提出"社会主义现代化强国"概念，战略目标上增加了"美丽"这一代表生态文明的内容，使现代化的内涵更加全面，并与"五位一体"总体布局相对应。在全面建成小康社会、实现第一个百年奋斗目标的基础上，党的二十大报告对全面建成社会主义现代化强国两步走战略安排进行宏观展望，细化了实现第二个百年奋斗目标的步骤和路径。回顾我国现代化建设的历程，我们党坚持一张蓝图绘到底，对建设社会主义现代化国家战略目标，在认识上不断深化，在内涵上不断丰富拓展，在战略安排上层层递进，使现代化建设的蓝图一步一步变为现实。

（三）到 2035 年我国发展的总体目标

综合考虑我国未来发展的基础条件和各种风险挑战，在党的十九大报告和十九届五中全会通过的《中共中央关于制定国民经济和社会发展第十四个五年规划和 2035 年远景目标的建议》基础上，党的二十大报告围绕基本实现社会主义现代化，从 8 个方面进一步明确了到 2035 年我国发展的总体目标，提出了新的更高要求。

1. 经济实力、科技实力、综合国力大幅跃升，人均国内生产总值迈上新的大台阶，达到中等发达国家水平。我国已进入高质量发展阶段，从经济发展能力和条件看，有希望、有潜力在质量效益明显提升基础上保持长期平稳发展，到 2035 年实现经济总量或人均国内生产总值比 2020 年翻一番。我国人均国内生产总值 2021 年达到 12 551 美元，超过世界平均水平，到 2035 年将达到中等发达国家水平。经济结构优化升级，全要素生产率大幅提升，社会生产力水平显著提高。

■ **相关链接：全要素生产率**

2. 实现高水平科技自立自强，进入创新型国家前列。国家创新体系效能全面提升，国家战略科技力量和高水平人才队伍居世界前列，基础研究和原始创新能力全面增强，关键核心技术实现重大突破和自主可控，更多科技前沿领域实现并跑和领跑。全社会研发经费投入强度、基础研究经费投入占研发经费投入比重达到主要发达国家水平。我国全球创新指数排名进入世界前列，科技进步贡献率大幅提升。

3. 建成现代化经济体系，形成新发展格局，基本实现新型工业化、信息化、城镇化、农业现代化。转变发展方式取得决定性进展，经济质量效益和核心竞争力显著提高。形成以国内大循环为主体、国内国际双循环相互促进的新发展格局，生产、分配、流通、消费更多依托国内市场，参与国际经济合作和竞争新优势明显增强，国民经济实现良性循环。由制造大国迈入制造强国，产业链供应链基本安全可控、韧性显著增强，实现产业基础高级化、产业链现代化。数字经济与实体经济深度融合，公共服务、社会治理等领域数字化智能化水平大幅提升。以城市群为主体、大中小城市和小城镇协调发展的城镇化格局基本形成，常住人口城镇化率、户籍人口城镇化率大幅提高，以人为核心的新型城镇化基本实现，城市品质明显提升。乡村振兴取得决定性进展，农业综合生产能力明显提高，国家粮食安全和重要农产品有效供给得到更好保障，现代乡村产业体系基本形成。

■ **相关链接：现代化经济体系**

4. 基本实现国家治理体系和治理能力现代化，全过程人民民主制度更加健全，基本建成法治国家、法治政府、法治社会。中国特色社会主义根本制度、基本制度、重要制度更加完善。社会主义民主政治建设进一步发展，全过程人民民主更加广泛、更加充分、更加健全，人民当家作主制度体系更加完善。依法治国得到全面落实，形成完备的法律规范体系、高效的法治实施体系、严密的法治监督体系、有力的法治保障体系，形成科学立法、严格执法、公正司法、全民守法的良好格局。

5. 建成教育强国、科技强国、人才强国、文化强国、体育强国、健康中国，国家文化软实力显著增强。建成服务全民终身学习的现代教育体系，劳动年龄人口平均受教育年限进一步提高，普及有质量的学前教育，实现优质均衡的义务教育，全面普及高中阶段教育，职业教育服务能力显著提升，高等教育竞争力明显提升，总体实现教育现代化。基本实现科学技术现代化，建成更多世界主要科学中心和创新高地，一大批国家科研机构、研究型大学和科技领军企业进入世界前列，形成高水平开放创新生态。在世界第一人才大国基础上，人才结构更加优化，人才质量显著提升，各类高层次人才更多涌现，成为世界重要人才中心。文化事业进一步繁荣，现代文化产业体系基本形成，国民思想道德素质、科学文化素质明显提高。体育综合实力和国际影响力居世界前列。人均预期寿命提高到80岁以上，人口长期均衡、可持续发展。中华文化影响力、中华民族凝聚力显著增强。

6. 人民生活更加幸福美好，居民人均可支配收入再上新台阶，中等收入群体比重明显提高，基本公共服务实现均等化，农村基本具备现代生活条件，社会保持长期稳定，人的全面发展、全体人民共同富裕取得更为明显的实质性进展。人民生活水平和质量显著提升，拥有更好的教育、更稳定的工作、更满意的收入、更可靠的社会保障、更高水平的医疗服务、更舒适的居住条件、更优美的环境、更丰富的精神文化生活。低收入群体规模显著减少，基本形成以中等收入群体为主体的"橄榄型"社会结构。公共服务体系健全完善，实现基本公共服务覆盖全民、兜住底线、均等享有。农村基础设施和公共服务明显改善，基本建成具备现代生产生活条件的宜居宜业和美乡村。改革发展成果更多更公平惠及全体人民，城乡区域发展差距和居民生活水平差距明显缩小，人的全面发展能力持续提升，人民获得感、幸福感、安全感更加充实、更有保障、更可持续。

7. 广泛形成绿色生产生活方式，碳排放达峰后稳中有降，生态环境根本好转，美丽中国目标基本实现。清洁低碳、安全高效的能源体系和绿色低碳循环发展的经济体系基本建立，各类主要资源利用效率、主要污染物排放强度、碳排放强度接近发达国家平均水平，碳排放总量力争在 2030 年前实现达峰后稳中有降。大气、水、土壤等环境状况明显改观。生态安全屏障体系基本建立，森林、草原、荒漠、河湖、湿地、海洋等自然生态系统状况实现根本好转，形成生产空间安全高效、生活空间舒适宜居、生态空间山青水碧的国土开发格局。

8. 国家安全体系和能力全面加强，基本实现国防和军队现代化。平安中国建设达到更高水平，国家安全法治体系、战略体系、政策体系、人才体系和运行机制更加健全，粮食安全、能源安全、重要产业链供应链安全和公共安全保障能力全面提高。坚持富国和强军相统一，军事理论、军队组织形态、军事人员、武器装备现代化全面推进，国防和军队建设达到世界先进水平。

（四）到 2050 年我国发展的远景目标

党的二十大报告指出，在基本实现现代化的基础上，我们要继续奋斗，到 21 世纪中叶，把我国建设成为综合国力和国际影响力领先的社会主义现代化强国。到那时，我国物质文明、政治文明、精神文明、社会文明、生态文明将全面提升，统筹推进"五位一体"总体布局取得标志性成果。作为经济建设的标志性成果，全面形成高质量发展模式和高水平的现代化经济体系，经济总量稳居世界前列，国家创新能力、社会生产力水平和核心竞争力在世界名列前茅，成为全球主要科学中心、创新高地和重大科技成果主要输出地。作为政治建设的标志性成果，全面实现国家治理体系和治理能力现代化，中国特色社会主义制度更加巩固、优越性充分发挥，全面建成法治国家、法治政府、法治社会，充分实现全过程人民民主，社会主义民主政治更加成熟完善。作为文化建设的标志性成果，在全社会形成与社会主义现代化强国相适应的理想信念、价值理念、道德观念和精神风貌，全民族文化创新创造活力充分释放，公民文明素质和社会文明程度显著提高，中国精神、中国价值、中国力量在全球更加彰显。作为社会建设的标志性成果，全体人民共同富裕基本实现，全社会实现高质量的充分就业，收入分配的公平程度排在世界前列，城乡居民将普遍拥有较高的收入、富裕的生活、健全的基本公共服务，社会充满活力而又规范有序。作为生态文明建设的标志性成果，美丽中国全面建成，天蓝、地绿、水净、山青的优美生态环境成为普遍形态，实现人与自然和谐共生的现代化，成为全球生态环境保护领先的国家。到那时，我国作为具有 5 000 多年文明历史的古国将焕发出前所未有的生机活力，中华民族将以更加昂扬的姿态屹立于世界民族之林。

总之，我国要全面建成的社会主义现代化强国，既具备世界主要现代化强国的一般特点，也具有体现中国特色社会主义本质要求和我国国情的鲜明特征，还具有反映中华文明对人类文明进步作出更大贡献的天下情怀。全面建成这样的社会主义现代化强国，实现经济社会全面进步、国家"硬实力"和"软实力"全面提升，使人民物质富足、精神富有，将充分彰显中国共产党矢志不移为中国人民谋幸福、为中华民族谋复兴的初心使命。全面建成这样的社会主义现代化强国，不仅将更好造福中国人民，也将更好造福世界各国人民，将充分彰显中国共产党胸怀天下、立己达人，为世界谋大同、为人类创未来的不懈追求和责任担当。

四、坚持以推动高质量发展为主题落实好各项经济工作

未来五年是全面建设社会主义现代化国家开局起步的关键时期，党的二十大对加快构建新发展格局、着力推动高质量发展作出了战略部署，我们要认真贯彻好落实好。经济方面要重点做好以下几方面工作。

（一）着力构建新发展格局

把实施扩大内需战略同深化供给侧结构性改革有机结合起来，增强国内大循环内生动力和可靠性。坚持扩大内需这个战略基点，增强消费对经济发展的基础性作用和投资对优化供给结构的关键作用，加快形成强大国内市场。深化供给侧结构性改革，在提高供给体系质量、畅通经济循环上下更大功夫，形成需求牵引供给、供给创造需求的更高水平动态平衡。在积极扩大内需的同时努力稳定外需，提升国际循环质量和水平。

（二）着力提高全要素生产率

深入实施科教兴国战略、人才强国战略、创新驱动发展战略，推动教育优先发展、科技自立自强、人才引领驱动。进一步加强基础研究、应用研究和科技成果转化，坚决打赢关键核心技术攻坚战。强化科技创新制度保障，优化企业创新生态和激励引导机制，适度超前布局国家重大科技基

础设施，加快建设高水平创新平台，打造区域创新高地。持续优化劳动、资本、土地、资源等生产要素配置，不断提高全要素生产率，形成优质高效的现代化产业体系、多层次的创新体系，开辟发展新领域新赛道，塑造发展新动能新优势。

（三）着力提升产业链供应链韧性和安全水平

把增强产业链韧性和竞争力放在更加重要的位置，着力打造自主可控、安全可靠的产业链供应链。深入实施质量强国建设和产业基础再造工程，加快发展先进制造业集群，壮大智能制造、生命健康、新材料等战略性新兴产业，做大做强做优数字经济，深入推进传统产业数字化转型和数字产业创新发展。落实最严格的耕地保护制度，坚持农业科技自立自强，夯实粮食稳产增产基础，保障国家粮食安全。不断健全和发展石油、天然气、煤炭、电力等能源新型的产供储销体系，保障能源和战略性矿产资源安全。

（四）着力推进城乡融合和区域协调发展

全面实施乡村振兴战略，加快构建现代农业产业体系、生产体系、经营体系，加快推进农业农村现代化。推进以人为核心的新型城镇化，加快农业转移人口市民化，优化城镇化空间布局，进一步完善城乡融合发展体制机制。深入实施区域协调发展战略、区域重大战略、主体功能区战略，构建优势互补、高质量发展的区域经济布局和国土空间体系。推进京津冀协同发展、长江经济带发展、长三角一体化发展，推动黄河流域生态保护和高质量发展。加大力度支持特殊类型地区发展，在发展中促进相对平衡。

（五）着力构建高水平社会主义市场经济体制

坚持"两个毫不动摇"，充分发挥市场在资源配置中的决定性作用，更好发挥政府作用，营造好的政策和制度环境，提高国有企业核心竞争力，促进民营经济发展壮大，支持中小微企业发展，让国企敢干、民企敢闯、外企敢投。深化"放管服"改革，营造市场化、法治化、国际化一流营商环境。建设高标准市场体系，深化要素市场化改革，加快构建高效规范、公平竞争、充分开放的全国统一大市场。推进能源、铁路、电信、公用事业等行业竞争性环节市场化改革。依法加强对资本的有效监管，依法规范和引导资本健康发展。

（六）着力推进高水平对外开放

持续深化商品、服务、资金、人才等要素流动型开放，稳步扩大规则、规制、管理、标准等制度型开放，依托我国超大规模市场优势，吸引全球资源要素。推动货物贸易优化升级，创新服务贸易发展机制，实施自贸试验区提升战略，加快建设海南自由贸易港，支持跨境电商、海外仓等发展，加大吸引外资力度，推动重大外资项目落地，持续完善外资安全审查机制，深化双边、多边、区域合作，推动共建"一带一路"高质量发展，构建互利共赢、多元平衡、安全高效的开放型经济体系。

（七）着力推动绿色低碳发展

处理好发展与减碳关系，统筹有序推进碳达峰工作，落实好碳中和行动方案，完善能源消耗总量和强度调控，大力推进煤炭清洁高效利用，加快规划建设新能源供给消纳体系。健全绿色低碳循环发展经济体系，促进经济社会发展全面绿色转型，推动产业结构、能源结构、交通运输结构等调整优化，实施全面节约战略，倡导绿色消费，推动形成绿色低碳的生产方式和生活方式。坚持山水林田湖草沙一体化保护和系统治理，加快重要生态系统保护和修复，实施生物多样性保护重大工程。深入推进环境污染防治，健全现代环境治理体系。

（八）着力提高人民生活品质

坚持尽力而为、量力而行，加强普惠性、基础性、兜底性民生建设。实施就业优先战略，扩大就业容量，提升就业质量。在高质量发展中促进共同富裕，增加低收入者收入，扩大中等收入群体，促进机会公平。健全覆盖全民、统筹城乡、公平统一、安全规范、可持续的多层次社会保障体系。加快建设高质量教育体系和全方位全周期的健康体系，加快义务教育优质均衡发展和城乡一体化，健全公共卫生体系。实施积极应对人口老龄化国家战略，促进人口长期均衡发展。

阅读资料

1. 习近平：《高举中国特色社会主义伟大旗帜 为全面建设社会主义现代化国家而团结奋斗——在中国共产党第二十次全国代表大会上的报告》，人民出版社 2022 年版。

2.《党的二十大报告辅导读本》，人民出版社 2022 年版。

3. 国家发展和改革委员会：《加快构建新发展格局 牢牢把握发展主动权》，《求是》2022 年第 9 期。

思考题

1. 党的十八大以来，我国经济发展取得了哪些历史性成就？实现了哪些历史性跨越？

2. 在党的十九大报告和"十四五"规划基础上，党的二十大报告根据形势的变化和认识的深化，在对 2035 年远景目标的阐述上提出了哪些新的更高要求？

3. 推动经济实现质的有效提升和量的合理增长，需要重点做好哪些方面的工作？

专题五

不断开辟马克思主义中国化时代化新境界
——学习《习近平谈治国理政》第四卷

《习近平谈治国理政》第四卷收入了习近平 2020 年 2 月 3 日至 2022 年 5 月 10 日期间的重要讲话、谈话、演讲、批示、致辞、指示、贺信等 109 篇，内容涵盖了掌握历史主动，在新时代更好坚持和发展中国特色社会主义；坚持党的全面领导；始终坚持人民至上；坚持敢于斗争；统筹疫情防控和经济社会发展等 21 个专题，生动记录了习近平新时代中国特色社会主义思想随着社会历史发展的过程中形成的一系列新理念、新思想、新战略，是集中反映习近平新时代中国特色社会主义思想的最新发展的权威著作，充分体现了习近平新时代中国特色社会主义思想针对中国之问、世界之问、人民之问、时代之问所做的科学回答，展现了习近平新时代中国特色社会主义思想在马克思主义发展史上的重大原创性贡献，开辟了马克思主义中国化时代化新境界。

一、聚焦"中国之问"的新认识——励精图治开辟了新时代十年伟大变革的新境界

当代中国正在经历人类历史上最为宏大而独特的实践创新，改革发展稳定任务之重、矛盾风险挑战之多、治国理政考验之大都前所未有，"中国之问"则涵盖了这些前所未有且亟待回答的理论和实践课题。《习近平谈治国理政》第四卷针对新时代坚持和发展中国特色社会主义的理论和实践问题，聚焦亟待解决的新矛盾，准确把握了中国特色社会主义的历史新

方位、时代新变化、实践新要求，集中展现了习近平新时代中国特色社会主义思想的理论魅力和时代魅力。

（一）始终坚持和发展中国特色社会主义——深化了对党和国家理论创新的规律性认识

中国特色社会主义道路是近代以来中国社会发展的必然选择，是党和人民历经千辛万苦、付出各种代价取得的宝贵成果，中国特色社会主义现代化建设的成功实践充分证明了中国特色社会主义道路的正确性。党的十九大以来的五年，是极不寻常、极不平凡的五年。党中央统筹中华民族伟大复兴战略全局和世界百年未有之大变局，就党和国家事业发展作出重大战略部署，把新时代中国特色社会主义不断向前推进，将我们对中国特色社会主义的认识、对社会主义建设规律的认识、对党的创新理论的认识都提高到了一个新的水平，但我们党对中国特色社会主义的探索还在持续推进，探索任务远没有结束。在当前和今后一个历史时期，我国发展仍然处于重要战略机遇期。从国内看，中华民族正处于向着第二个百年奋斗目标进军的关键时刻；从国际看，世界正处于百年未有之大变局之中，在这样复杂多变的历史关头，各种风险和挑战不断出现，新情况和新问题会变得越来越多，必须用发展的眼光去应对、探索和解决前进中出现的各种难题。要坚持把马克思主义基本原理同中国具体实际相结合、同中华优秀传统文化相结合，用马克思主义之"矢"射新时代中国之"的"，在新时代继续坚持和发展中国特色社会主义，续写马克思主义中国化时代化的新篇章。

■ **相关链接：两个结合**

（二）把握新发展阶段，贯彻新发展理念，构建新发展格局——发展了马克思主义生产力理论

把握新发展阶段，贯彻新发展理念，构建新发展格局是对我国当前

发展状况进行的全面分析和展望，三者紧密相连、密不可分。新发展阶段是全面建成小康社会、实现第一个百年奋斗目标之后，我们要乘势而上开启全面建设社会主义现代化国家新征程、向第二个百年奋斗目标进军的一个阶段，是我们经过几十年积累、站到了新的起点上的一个阶段，是社会主义初级阶段中的一个阶段，是我国社会主义发展进程中的一个重要阶段，是中华民族伟大复兴历史进程的大跨越。新发展理念是指创新、协调、绿色、开放、共享的发展理念，是对新发展阶段的统筹思考，契合了生产力安全发展的现实要求，发展了马克思主义的生产力理论。立足新发展阶段，贯彻新发展理念，党中央提出了构建以国内大循环为主体、国内国际双循环相互促进的新发展格局，这是一项关系我国发展全局的重大战略任务，统筹了发展与安全，强调了动态平衡，体现了系统性思维。准确把握新发展阶段，需要贯彻新发展理念、构建新发展格局，需要在新的历史时局和经济发展状况下对党的经济理论进行系统的思考，继续解放和发展生产力，也需要厘清全面深化改革同贯彻新发展理念与构建新发展格局之间的紧密联系，把加强改革系统集成、推动改革落地见效摆在更加突出的位置，完整、准确、全面地贯彻新发展理念，扭住构建新发展格局的目标任务，更加精准地出台改革方案，推动改革向更深层次挺进，发挥全面深化改革在构建新发展格局中的关键作用，注重全面深化改革系统性、整体性、协同性的内在要求，准确把握新发展阶段的历史方位和内涵特点，探索改革规律，掌握改革方法，推进改革进程，实现高质量发展。

（三）开启全面建设社会主义现代化国家的新征程——发展了马克思主义现代化理论

党的二十大报告指出："从现在起，中国共产党的中心任务就是团结带领全国各族人民全面建成社会主义现代化强国、实现第二个百年奋斗目标，以中国式现代化全面推进中华民族伟大复兴。"中国式现代化既有各国现代化的共同特征，更有基于自己国情的中国特色，是人口规模巨大的现代化，是全体人民共同富裕的现代化，是物质文明和精神文明相协调的现代化，是人与自然和谐共生的现代化，是走和平发展道路的现代化。随着人民生活水平稳步提高，民主法治水平不断提升，生态保护力度空前，改革开放全面深化，强军兴军事业不断推进，科技实力、国际影响力持续增强，实现社会主义现代化强国目标和中华民族伟大复兴进入了不可逆转的历史进程。以习近平同志为核心的党中央紧扣人类现代化的现实基础，探索形成了立足中国实际、放眼世界未来的中国式现代化理论，超越了资本主义社会形态向更高阶演化过程中不断嬗变的理论突围，使得马克思主义现代化理论在当下不断趋于连贯和丰满。在多极化的世界历史潮流面前，中国式现代化的成功实践向世界表明，西方现代化道路不是走向现代化的唯一选择，它拓展了其他国家走向现代化的途径，是符合现代化一般规律的现代化、社会主义的现代化和从本国实际出发的现代化。

■ **相关链接：《共创开放繁荣的美好未来》**

二、聚焦"世界之问"的新贡献——高瞻远瞩开辟了推动人类社会发展进步的新境界

2017年初，习近平在联合国日内瓦总部出席"共商共筑人类命运共同体"高级别会议时，发表了题为《共同构建人类命运共同体》的主旨演讲，首次全面、系统、深刻地阐释了人类命运共同体的理念，并提出了"世界怎么了、我们怎么办？"的世界之问，引起了世界各国的强烈共鸣和广泛赞誉。

当今世界正经历着百年未有之大变局，世界多极化、经济全球化正处在深刻变化之中，和平赤字、发展赤字、治理赤字、信任赤字、文明赤字是当今世界共同面临的全球性挑战和世界性难题，习近平从中国和世界

的共同利益以及全人类共同福祉出发，对"建设一个什么样的世界、如何建设这个世界"等关乎人类前途命运的重大课题进行了深入思考，给出了回答世界之问的中国方案，提倡弘扬全人类共同价值，推动构建人类命运共同体，完善全球治理，践行真正的多边主义，为建设美好世界作出应有贡献。

（一）推动构建人类命运共同体——创新了马克思共同体思想

人类只有一个地球，各国共处一个世界。在政治多极化、经济全球化、文化多样化和社会信息化潮流不可逆转的国际形势下，各国间的联系和依存日益加深，国际社会日益成为一个你中有我、我中有你的"命运共同体"，面对世界经济的复杂形势和全球性问题，任何国家都不可能独善其身。人类命运共同体，是一种以应对人类共同挑战为目的的全球价值观，是对马克思共同体思想的创造性运用与发展，是通往"真正的共同体"的过渡，它包含了相互依存的国际权力观、共同利益观、可持续发展观和全球治理观，提倡世界各国在追求本国利益的同时兼顾他国合理关切，在谋求本国发展的同时促进各国共同发展，体现了中国共产党始终以世界眼光关注人类命运，是党坚持胸怀天下的核心要义和历史必然。构建人类命运共同体，是党对我国不同时期的重大外交思想的继承和发展而提供的中国方案，回应了时代要求，凝聚了各国共识，符合世界历史的发展规律，是推动改善全球治理的中国智慧和中国力量，开辟了增进各国人民福祉的光明大道。

（二）推动"一带一路"建设高质量发展——夯实了世界经济长期稳定发展的基础

为维护全球自由贸易体系和开放型世界经济，中国提出了"一带一路"倡议，这是中国对外开放的重要举措。"一带一路"倡议借用了中国古代丝绸之路的历史符号，秉承着共商、共享、共建原则，高举和平发展的旗帜，积极发展与沿线国家的经济合作伙伴关系，共同打造政治互信、经济融合、文化包容的利益共同体、命运共同体和责任共同体。在"一带一路"倡议下，中国已携手各方打造了当今世界范围最广、规模最大的国际合作平台，建立了"政策沟通、设施联通、贸易畅通、资金融通、民心相通"的"五通"指数指标体系。共建"一带一路"倡议提出9年以来，取得了举世瞩目的成就，为构建高水平对外开放新格局的形成打牢了基础、夯实了根基。截至2022年4月，中国已与149个国家、32个国际组织签署了200多份共建"一带一路"合作文件，而这149个国家中绝大部分是亚非拉发展中国家。"一带一路"倡议在尊重各国各民族差异的基础上，以中国式现代化的经验，丰富了发展中国家实现现代化的路径，并通过实行更加积极主动的开放战略，使共建"一带一路"成为深受欢迎的国际公共产品和国际合作平台，在推动共建"一带一路"高质量发展的框架下，加强了沿线国家的合作共建，为全球经济复苏提供了动力。

（三）践行真正的多边主义——推动了全球治理体系的完善

随着全球化进程和世界多极化趋势的深入发展，"谁来治理""怎样治理""为什么治理"等全球治理的重大课题摆在了人类面前，尤其是近年来，单边主义持续上扬、保护主义愈演愈烈，"退群"废约事件频发、分离主义风险上升等全球化负面影响持续发酵。面对如此错综复杂的国际形势和全球性挑战，全球治理困局的破解需要真正的多边主义。多边主义是适应经济全球化、世界多极化时代要求的产物，是被理论与实践反复证明的、解决全球性问题的唯一和平方案，已经成为了国际社会推进全球治理的普遍共识，其要义是国际上的事由大家共同商量着办，世界前途命运由各国共同掌握。2020年，习近平出席联合国成立75周年系列高级别会议时，旗帜鲜明地阐述中国将坚定奉行多边主义，坚定维护联合国权威，坚定走和平发展、合作共赢道路，坚定推动构建人类命运共同体的重要原则立场。2021年10月，习近平在中华人民共和国恢复联合国合法席位50周年纪念会议上发表重要讲话，强调中国将坚持走和平发展之路，始终做世界和平的建设者；坚持走改革开放之路，始终做全球发展的贡献者；坚持走多边主义之路，始终做国际秩序的维护者。长期以来，中国不断深化同联合国的合作，坚决维护联合国权威和地位，忠实履行联合国安理会常任理事国职责和使命，维护联合国宪章宗旨和原则，支持联合国在全球发展合作中发挥统筹协调作用，积极推动基于联合国制度体系的多边机制改革，致力于不断完善全球治理体系，更加有效地应对全球问题。在世界百年未有之大变局和新冠肺炎疫情全球大流行交织的影响下，各国人民对和平发展的期盼更加殷切，对公平正义的呼声更加强烈，对合作共赢的追求更加坚定。国际社会应该按照各国共同达成的规则和共识来治理，而不能由一个或几个国家来发号施令，必须维护和践行真正的多边主义，而不应沉迷于小圈子和零和博弈，要警惕以多边主义之名、行单边主义之实的"伪多边主义"或"有选择的多边主义"，大力弘扬和平、发展、公平、正义、民主、自由的全人类共同价值。进入新时代以来，中国参与全球治理体系改革完善的实践路径正越发全面、系统，中国正用实际行动践行真正的多边主义，建设更加公正的国际秩序，并向世界证明，中国的发展不仅能造福自身，而且正在惠及世界。

三、聚焦"人民之问"的新举措——守正创新开辟了以人民为中心的新境界

"中国共产党从哪里来、到哪里去？""为了谁、依靠谁？"是始终摆在共产党人面前的"人民之问"。面对人民，中国共产党始终围绕人民群众的需求，做到从群众中来、到群众中去，为人民执政、靠人民执政。人民之问在于问民，人民在追求美好生活的过程中不断有新的需要和新的要求，给党的理论创新、治国理政提出了大量亟待回答的理论和实践课题。

（一）始终坚持人民至上——发展了马克思主义的唯物史观

中国的发展，最伟大的力量源于人民，最实在的成果惠于民。"人民"二字，在中国共产党人心中位置最高、分量最重，坚持人民至上是中国共产党百年奋斗的重要历史经验。党在成立之初就把为中国人民谋幸福、为中华民族谋复兴作为自己的使命。全心全意为人民服务是我们党的根本宗旨，也是我们党的最高价值取向。人民对国家富强、民族复兴、幸福生活寄予厚望，让人民满意，不让人民失望，是新时代赋予中国共产党的历史使命，面对人民的重托，党深感责任重大。党的十八大后，第十八届中共中央政治局常委同中外记者见面时习近平指出："人民对美好生活的向往，就是我们的奋斗目标。"党的二十大闭幕后，在二十届中共中央政治局常委同中外记者见面时习近平再次强调要不断把人民对美好生活的向往变为现实。十年过去了，这不变的人民情怀，是历史的回响。唯物史观告诉我们，人民群众是社会历史的主体，是历史的创造者，社会历史的进步离不开人民，实现中华民族伟大复兴的中国梦需要凝聚全国各族人民的力量，只有尊重人民的主体地位，激发人民群众的创造活力，才能创造人民的美好生活，完成中国共产党的历史使命。新时代以来的十年，我们党深深扎根人民，紧紧依靠人民，问需于民、问计于民，寻求最大公约数、画出最大同心圆，在顶层设计中听取群众建议，在社会治理中尊重人民呼声，在高质量发展中调动人民积极性，在时代进步中凝聚人民力量，在实现共同富裕的奋进道路上，维护公平正义，筑牢治理基础，彰显正义价值，努力缩小贫富差距，为人民创造梦想成真、人生出彩的机会，展现了人民至上的时代内涵。

（二）全面发展全过程人民民主——发展了马克思主义人民民主思想

马克思主义认为，"全部问题在于确定民主的真正意义""不是国家制度创造人民，而是人民创造国家制度"，要让人民"自下而上地直接参加全部国家生活的民主建设"。民主是全人类的共同价值，也是中国共产党和中国人民坚持的重要理念。全过程人民民主是全体人民都能参与的一种民主形态，它发展了马克思主义人民民主思想，深化了我们对民主政治发展规律的认识，指引新时代我国社会主义民主政治向着制度化、规范化、程序化全面推进，有效保证了人民当家作主，更好地发挥了中国特色社会主义政治制度的优越性，确保了党和国家的兴旺发达和长治久安。人民代表大会制度是实现全过程人民民主的重要制度载体，我国实行工人阶级领导的、以工农联盟为基础的人民民主专政的国体，实行人民代表大会制度的政体，实行中国共产党领导的多党合作和政治协商制度、民族区域自治制度、基层群众自治制度等基本政治制度，巩固和发展最广泛的爱国统一战线，这种全面、广泛、有机衔接的人民当家作主制度体系，构建了多样、畅通、有序的民主渠道，为实现和保证人民当家作主、实行全过程人民民主提供了可靠的制度保障。习近平指出："我国全过程人民民主不仅有完整的制度程序，而且有完整的参与实践。""我国全过程人民民主实现了过程民主和成果民主、程序民主和实质民主、直接民主和间接民主、人民民主和国家意志相统一，是全链条、全方位、全覆盖的民主，是最广泛、最真实、最管用的社会主义民主。"中国特色社会主义进入新时代以来，人民有序政治参与不断扩大，实现了内容更加广泛、层次更加丰富的当家作主，使全过程人民民主展现出了蓬勃的生机和旺盛的活力。

（三）扎实推动共同富裕——体现了马克思主义关于人的全面发展理论

共同富裕是社会主义的本质要求，是中国式现代化的重要特征。马克思主义认为，人在其现实性上是一切社会关系的总和。作为人的发展的现实基础，共同富裕为人的发展创造了更广阔的社会空间。党的十八大以来，党中央把握发展阶段新变化，把逐步实现全体人民共同富裕摆在更加重要的位置上，采取有力措施保障和改善民生，打赢了脱贫攻坚战，全面建成了小康社会，为促进共同富裕创造了良好条件。习近平指出："全体人民共同富裕是一个总体概念，是对全社会而言的，不要分成城市一块、农村一块，或者东部、中部、西部地区各一块，各提各的指标，要从全局上来看。""不同人群不仅实现富裕的程度有高有低，时间上也会有先有后，不同地区富裕程度还会存在一定差异，不可能齐头并进。这是一个在动态中向前发展的过程，要持续推动，不断取得成效。"这一系列重要论述奠定了中国特色社会主义共同富裕理论的基石，为新时代实现共同富裕指明了前进方向。面对"两个大局"和全面建成小康社会后的新形势，以习近平同志为核心的党中央明确提出要扎实推动共同富裕，强调要增强改革动力，夯实高质量发展的动力基础，以确保全体人民朝着共同富裕目标扎实迈进。对此，党中央进行了科学的战略部署，要求深入研究不同阶段的目标，分阶段促进共同富裕：到"十四五"末，全体人民共同富裕迈出坚实步伐，居民收入和消费水平差距逐步缩小。到2035年，全体人民共同富裕取得更为明显的实质性进展，基本公共服务实现均等化。到21世纪中叶，全体人民共同富裕基本实现，居民收入和实际消费水平差距缩小到合理区间。共同富裕既是经济问题，也是政治问题，既关系到市场做大做好"蛋糕"，也关系到切好分好"蛋糕"，既涉及效率与效益，也涉及公平与正义，既不能离开共同富裕讲发展生产力，也不能离开发展生产力讲共同富裕，既要促进物质生活共同富裕，也要促进精神生活共同富裕。随着新时代党的理论创新和治国理政能力的不断增强，共同富裕的理论体系和实践路径有了更加坚实的基础，我们要正确认识和把握实现共同富裕的战略目标和实践途径，在高质量发展中扎实推动共同富裕，让发展成果更多更公平惠及全体人民。

四、聚焦"时代之问"的新回答——与时俱进开辟了中国共产党引领时代的新境界

当今世界正在经历百年未有之大变局。这场变局不限于一时一事、一

国一域，而是深刻而宏阔的时代之变。面对复杂变化的世界，人类社会向何处去？人类文明向何处去？世界向何处去？和平还是战争？发展还是衰退？开放还是封闭？合作还是对抗？是摆在我们面前的时代之问。习近平新时代中国特色社会主义思想运用马克思主义的立场、观点和方法观察时代、把握时代、引领时代，科学回答了一系列重大理论和实践课题，开辟了管党治党、兴党强党的新境界。以习近平同志为核心的党中央，精准把握了"两个大局"的历史新方位，强调因势而谋、应势而动、顺势而为，在"两个一百年"奋斗目标交汇的重大历史关头，立足大局、统筹全局、引领变局、开创新局，推动了世界大局朝着有利于中华民族伟大复兴、有利于世界和平与进步的方向前进。世界潮流，浩浩荡荡，顺之则昌，逆之则亡。习近平新时代中国特色社会主义思想深化了对共产党执政规律、社会主义建设规律、人类社会发展规律的认识，找到了自我革命这一跳出治乱兴衰历史周期率的第二个答案，创造了人类文明新形态，也创造了经济快速发展和社会长期稳定两大奇迹，展现出了党的战略眼光和战略定力，推动中华民族实现了从赶上时代到引领时代的伟大跨越。

（一）以伟大自我革命引领伟大社会革命——发展了马克思主义建党学说

历史和现实都证明，没有中国共产党，就没有新中国，就没有中华民族伟大复兴。中国共产党的领导是中国特色社会主义最本质的特征，也是中国特色社会主义制度的最大优势，坚持党的全面领导是坚持和发展中国特色社会主义的必由之路。党的十八大以来，党所面临的"四大考验"与"四大危险"更加凸显，面临的形势和任务更加艰巨和复杂。面对新形势、新任务，必须将坚持党的全面领导同全面从严治党结合起来，只有坚持和加强党的全面领导，才能确保强化和落实全面从严治党主体责任，把全面从严治党的各项措施落到实处；只有坚持全面从严治党，才能永葆党的先进性和纯洁性，锻造出始终走在时代前列的马克思主义政党，提高党的执政能力，使党的全面领导得以巩固和加强，进而推动社会主义各项事业的蓬勃发展。经过不懈努力，以习近平同志为核心的党中央以"十年磨一剑"的定力扎实推进全面从严治党，找到了自我革命这一跳出治乱兴衰历史周期率的第二个答案。2021 年 11 月 11 日党的十九届六中全会审议通过了《中共中央关于党的百年奋斗重大成就和历史经验的决议》，将自我革命列为党百年奋斗的历史经验之一，这表明勇于自我革命既是对我们党历史经验的总结，也是中国特色社会主义进入新时代关于党的建设的重大理论创新，体现了党对治国理政和执政规律探索的新思考，是党的建设在新时代话语体系中的重要概念，丰富和发展了马克思主义建党学说。

（二）创造人类文明新形态——推动了中华文明的发展

习近平在庆祝中国共产党成立 100 周年大会上的讲话中指出："我们坚持和发展中国特色社会主义，推动物质文明、政治文明、精神文明、社会文明、生态文明协调发展，创造了中国式现代化新道路，创造了人类文明新形态。"人类文明新形态概念的提出，塑造了世界文明的新格局，开创了一种不同于西方逻辑的文明形态，以文明交流超越文明隔阂、以文明互鉴超越文明冲突，以"人本逻辑"超越了"资本逻辑"，是一种社会主义文明形态，具有鲜明的中国气派。基于历史唯物主义史观的人类文明新形态，在积极借鉴吸收资本主义文明成果的同时，推动了现代文明与中华优秀传统文化的对接，把握了中国特色社会主义的建设成就和人类文明发展的走向，是中国共产党带领中国人民不断探索的结果。人类文明新形态遵循了人类文明发展的普遍规律，是中国特色社会主义进入新时代的产物和时代境遇下的文明新路。在全球化的背景下，人类文明的繁荣发展必然建立在多元文明借鉴、交流、互动的基础上，以习近平同志为核心的党中央从世界历史的角度出发，尊重各国的文化传统，尊重不同文明的发展规律，为促进多元文明共融共生，创造了人类文明新形态，在这个意义上，人类文明新形态开创的不仅是中国的文明新形态，也是人类的文明新形态。

（三）共创后疫情时代美好世界——凝聚起战胜困难和挑战的强大力量

2022年习近平在出席世界经济论坛视频会议时指出："我们要探索常态化疫情防控条件下的经济增长新动能、社会生活新模式、人员往来新路径，推进跨境贸易便利化，保障产业链供应链安全畅通，推动世界经济复苏进程走稳走实。"深刻阐明了推动世界经济稳定复苏的治本之策，彰显了中国作为世界第二大经济体的责任担当。常态化疫情防控以来，中国坚持"外防输入、内防反弹"，不断提升分区分级差异化精准防控水平，快速有效处置局部地区聚集性疫情，最大限度保护了人民生命安全和身体健康；坚持稳中求进，统筹好疫情防控和经济社会发展，采取更加有效的措施，努力用最小的代价实现最大的防控效果，使得我国经济发展和疫情防控保持全球领先地位，充分体现了我国防控疫情的坚实实力和强大能力，充分彰显了中国共产党领导和我国社会主义制度的显著优势。

新冠肺炎疫情深刻改变了人类社会，面对汹涌疫情，中国尽己所能，开展了新中国对外援助史上时间最集中、范围最广泛的全球紧急人道主义行动。在人类命运休戚与共的今天，战胜新冠肺炎疫情是当务之急，各国只有正确认识当前面临的困难与挑战，坚定人类走出疫情阴霾的必胜信心，积极开展药物研发合作，确保疫苗公平分配，共筑多重抗疫防线，加快建设人类卫生健康共同体，齐心协力加强抗疫合作，才能战胜疫情，共同佑护各国人民生命和健康。新冠肺炎疫情反复延宕，病毒变异增多，速度传播加快，在给人民的生命安全和身体健康带来了严重威胁的同时，也给世界经济发展带来了巨大负面影响，全球经济复苏迫在眉睫。通胀、债务、能源、供应链等危机相互交织，全球经济复苏正面临着巨大阻力。在全球化的大环境中，各经济体相互依存、利益交融，只有正确把握经济全球化的"势"，才能有效地进行经济全球化的"治"，只有因势而谋、应势而动、顺势而为，坚持拆墙而不筑墙、开放而不隔绝、融合而不脱钩，建设开放型的世界经济，营造开放、公正、非歧视的发展环境，推动经济全球化朝着更加开放、包容、普惠、平衡、共赢的方向发展，世界经济活力才能充分迸发出来。

■ 相关链接：为推动贡献人类命运共同体贡献"中国方案"

人类是一个整体，地球是一个家园。面对共同挑战，人类只有和衷共济、和合共生这一条出路。中国将继续以坚实行动推动国际抗疫合作，与各方一道汇聚起守护人类生命安全的磅礴力量，开辟冲破疫情至暗时刻的前行之路，共同落实好全球发展倡议，携手各方共创后疫情时代的美好世界。

"中国之问、世界之问、人民之问、时代之问"归根到底都是实践之问，时代在变、世界在变、中国在变、人民的关切也随之在变，《习近平谈治国理政》第四卷展现了习近平新时代中国特色社会主义思想丰富和发展马克思主义作出的原创性贡献，集中反映了习近平新时代中国特色社会主义思想的最新理论成果。以习近平同志为核心的中央领导集体团结带领全国各族人民艰苦奋斗，真正做到了用马克思主义观察时代、把握时代、引领时代，以中国之路开拓世界之路，以中国之治应对世界之变，以中国之理解答世界之惑，体现了大国担当，为世界发展贡献了中国智慧、中国方案和中国力量。

阅读资料

1. 习近平：《高举中国特色社会主义伟大旗帜　为全面建设社会主义现代化国家而团结奋斗——在中国共产党第二十次全国代表大会上的报告》，人民出版社 2022 年版。

2. 《习近平谈治国理政》（第四卷），外文出版社 2022 年版。

3. 《中共中央关于党的百年奋斗重大成就和历史经验的决议》，人民出版社 2021 年版。

1. 习近平新时代中国特色社会主义思想在哪些方面丰富和发展了马克思主义？

2. 如何理解"中国之问、世界之问、人民之问、时代之问"四者之间的关系？

专题六
促进世界和平发展的大国担当

党的二十大报告指出："当前，世界之变、时代之变、历史之变正以前所未有的方式展开。一方面，和平、发展、合作、共赢的历史潮流不可阻挡，人心所向、大势所趋决定了人类前途终归光明。另一方面，恃强凌弱、巧取豪夺、零和博弈等霸权霸道霸凌行径危害深重，和平赤字、发展赤字、安全赤字、治理赤字加重，人类社会面临前所未有的挑战。""中国始终坚持维护世界和平、促进共同发展的外交政策宗旨，致力于推动构建人类命运共同体。"面对百年未有之大变局，新时代的中国外交秉持天下胸怀，践行大国担当，努力在全球变局中开创新局，在世界乱局中化危为机，在斗争与合作中勇毅前行，为促进世界和平发展作出重要贡献。

一、新时代中国的外交理念和影响

党的十八大以来，我国经济实力实现历史性跃升，国家综合实力进一步增强。这十年，既是中国经济社会发展取得历史性成就、发生历史性变革的十年，也是中国与世界关系实现历史性跨越、为国际社会作出历史性贡献的十年。2013—2021年，我国国内生产总值（GDP）年均增长6.6%，经济增长率居世界主要经济体前列。2021年我国经济总量占世界比重达到18.5%，比2012年提高7.2个百分点。2013—2021年，我国对世界经济增长的平均贡献率达到38.6%，成为推动世界经济增长的核心力量。新时代十年的伟大变革，为我国全面建成社会主义现代化强国，全面推进中华民族伟大复兴，奠定了丰厚的物质基础，也为我国在国际社会发挥更大的作用积累了重要条件。作为世界和平的建设者、全球发展的贡献者、国际秩序的维护者和全球公共产品的提供者，中国的国际影响力、感召力、塑造力显著提升。

党的十八大以来，推动构建相互尊重、公平正义、合作共赢的新型国际关系，推动构建人类命运共同体，成为新时代中国特色大国外交的重要目标。2017 年 1 月，习近平访问联合国日内瓦总部，发出"世界怎么了、我们怎么办？"的世纪之问。他倡导构建人类命运共同体，呼吁各国共同建设一个持久和平、普遍安全、共同繁荣、开放包容、清洁美丽的世界。新时代的中国不断完善外交总体布局，积极建设覆盖全球的伙伴关系网络，更加积极有为地参与全球治理，展现负责任大国担当，努力在维护中国国家利益与促进世界和平发展的辩证统一中，走出与传统大国崛起不同的和平发展道路。中国坚定维护国际公平正义，倡导践行真正的多边主义，旗帜鲜明反对一切霸权主义和强权政治，毫不动摇反对任何单边主义、保护主义、霸凌行径。

■ 相关链接：中国特色大国外交

第一，积极维护联合国地位。在 20 世纪上半叶人类两度经历"惨不堪言之战祸"后，联合国在 1945 年应运而生。联合国是最具普遍性、代表性、权威性的政府间国际组织，承载着维护国际秩序、促进国际合作、推动全球发展、实现持久和平的崇高使命。1945 年 10 月 24 日生效的《联合国宪章》共 19 章 111 条，确立了主权平等、不干涉内政、和平解决国际争端等重要原则。中国是第一个在《联合国宪章》上签字的国家，是联合国创始会员国。正如习近平所指出的，"联合国宪章宗旨和原则是处理国际关系的根本遵循，也是国际秩序稳定的重要基石"。中华人民共和国成立后，中国长期被排除在联合国体系之外。1971 年，第 26 届联合国大会以压倒多数通过第 2758 号决议，决定恢复中华人民共和国在联合国的一切合法权利。作为联合国安理会常任理事国，50 多年来，中国始终坚定维护《联合国宪章》宗旨和原则，在经济发展、维和行动、军备控制与裁军、环境治理等联合国事务上发挥了积极作用。进入新时代，我国准确辨析世界转型过渡期国际形势的演变规律，深入统筹中华民族伟大复兴战略全局和世界百年未有之大变局，牢牢把握坚持和平发展、促进民族复兴这条主线，坚定维护以联合国宪章宗旨和原则为核心的国际秩序，坚决维护中国人民以巨大民族牺牲换来的第二次世界大战胜利成果。应看到，近年来"逆全球化"思潮在一些西方国家抬头，形形色色的"实力至上论""本国优先论"以及霸权主义、单边主义行径，严重冲击国际秩序和多边主义，联合国地位和作用受到质疑。对此，习近平多次强调，要坚定维护以联合国宪章宗旨和原则为基石的国际关系准则，坚定维护联合国权威和地位。2021年9月21日，习近平以视频方式出席第七十六届联合国大会一般性辩论并发表重要讲话。他明确指出，"世界上只有一个体系、一种秩序，就是以联合国为核心的国际体系和以国际法为基础的国际秩序。只有一套规则，就是以联合国宪章宗旨和原则为基础的国际关系基本准则。"为加强对联合国事业的支持，2015年中国政府宣布设立中国—联合国和平与发展基金，总额10亿美元。基金成立以来已支持近百个项目，惠及亚洲、非洲、拉美和大洋洲100多个国家和地区，中国以实际行动和扎实成果捍卫了联合国地位和作用。

第二，倡导真正的多边主义。"单则易折、众则难摧"，多边主义是各国采取集体行动应对全球挑战的根本保障，中国始终是多边主义的坚定维护者。然而，近年来多边主义受到显著冲击，尤其是美国政府的"退群毁约"等错误做法，给国际秩序的总体稳定带来严峻挑战。正如联合国秘书长安东尼奥·古特雷斯所言，"正当最需要多边主义的时候，多边主义却遭到冲击"。对此，中国明确提出，维护并践行"真正的多边主义"是解决当今世界错综复杂问题、有效应对各类传统和非传统安全挑战的正确方向，是打破零和博弈、抵制单边霸凌，真正实现持久和平与共同安全的必由之路。习近平指出，"多边主义的要义是国际上的事由大家共同商量着办，世界前途命运由各国共同掌握。"中国反对在国际事务中唯我独尊，主张大小国家一律平等，尊重各国主权和领土完整，尊重各国人民自主选择社会制度和发展道路。一个和平发展的世界应该承载不同形态的文明，必须兼容实现现代化的多样道路。各国都有自己独一无二的历史文化，都有权走符合本国国情的发展道路。世界前途命运必须由各国共同掌握，国际上的事情应由各国人民商量着办，这是国际社会应该共同遵守的民主原则，"不能谁的拳头大就听谁的"。中国全方位参与多边事务，加入了几乎所有普遍性政府间国际组织和 600 多项国际公约，对外缔结超过 2.7 万项双边条约，认真履行自身国际义务。2021 年 1 月，习近平发表题为《让多边主义的火炬照亮人类前行之路》的重要演讲。他指出，"21 世纪的多边主义要守正出新、面向未来，既要坚持多边主义的核心价值和基本原则，也要立足世界格局变化，着眼应对全球性挑战需要，在广泛协商、凝聚共识基础上改革和完善全球治理体系。"

第三，促进全球共同发展。作为世界上最大的发展中国家，中国取得了令世界瞩目的发展成就，也更加深切地认识到，"唯有发展，才能消除冲突的根源。唯有发展，才能保障人民的基本权利。唯有发展，才能满足人民对美好生活的热切向往"。党的十八大以来，中国呼吁国际社会将发展问题置于全球宏观政策突出位置，加快落实 2030 年可持续发展议程，构建全球发展共同体。习近平提出共建"一带一路"重大倡议，打造了世界上最大的开放合作平台，我国已同 140 多个国家和 32 个国际组织签署共建"一带一路"合作文件，"六廊六路多国多港"建设稳步推进。2021 年 9 月，习近平出席第 76 届联合国大会一般性辩论时郑重提出"全球发展倡议"，强调要推动实现更加强劲、绿色、健康的全球发展，这一重大倡议为促进全球发展迈向平衡协调包容新阶段提供了巨大动力。"全球发展倡议"面向全球开放，欢迎各国共同参与，它是中国为国际社会提供的重要公共产品和合作平台。"全球发展倡议"将减贫、粮食安全、抗疫和疫苗、发展筹资、气候变化和绿色发展、工业化、数字经济、互联互通作为重点合作领域，呼吁各方将发展共识转化为务实行动。"全球发展倡议"重视普惠包容、创新驱动，强调要紧抓新一轮科技革命和产业变革的机遇促进全球发展，打造开放、公平、公正、非歧视的科技发展环境。中国始终高度关注发展中国家特殊需求，同其他发展中国家守望相助，设立"全球发展和南南合作基金"，积极推进南南合作。据统计，中国向 166 个国家和国际组织提供近 4 000 亿元人民币发展援助，在发展中国家实施近 3 000 个成套援助项目，派遣 60 多万名援助人员，为 120 多个发展中国家落实联合国千年发展目标提供有力支持。曾是世界上贫困人口最多国家的中国大力支持全球减贫事业。党的十八大以来，我国历史性解决绝对贫困问题，提前十年实现联合国 2030 年可持续发展议程减贫目标，中国对全球减贫贡献率超过 70%。为加速全球减贫进程，中国与联合国开发计划署共同成立中国国际扶贫中心，对近 140 个国家和组织的扶贫工作者进行专题培训。中国还发布《中国落实 2030 年可持续发展议程进展报告（2021）》《消除绝对贫困 中国的实践》等报告文件，为其他发展中国家提供有益借鉴。面对新冠肺炎疫情，中国全力推动和参与国际抗疫合作，尽己所能提供抗疫物资、分享防疫经验，最早承诺将新冠疫苗作为全球公共产品，最早支持疫苗知识产权豁免，向 120 多个国家和国际组织提供超过 22 亿剂疫苗。

■ **相关链接：《共迎时代挑战 共建美好未来》**

第四，维护全球和平稳定。近年来，国际安全形势发生深刻复杂变化，世界进入新的动荡变革期，中国始终是保障世界和平的重要力量。中国站在公理一边，坚持主权平等，反对干涉内政，反对霸权强权。中国站在正义一边，坚持客观公道，反对地缘争夺，反对拉帮结伙。中国站在和平一边，坚持政治解决，反对使用武力，反对单边制裁。中国已经成为联合国维和行动第二大出资国，也是安理会常任理事国中第一大出兵国，迄今已参与 29 项联合国维和行动，累计派出 5 万余人次，目前有 2 400 多名中国维和人员在全球各地执行任务，有 24 位军人和警察在维和行动中献出了宝贵生命。2015 年 9 月，中国宣布加入联合国维和能力待命机制，并为此率先组建 8 000 人规模的中国维和待命部队和 300 人规模的中国常备维和警队，随时准备为维护世界和平出征。中国是五核国中唯一承诺不首先使用核武器的国家，为维护全球战略稳定作出重要贡献。党的十八大以来，中国更加积极应对传统和非传统安全挑战，更加深度参与国际反恐合作和军控、裁军、防扩散进程。特别是，习近平倡导具有中国特色的热点问题解决之道，强调国家之间要构建对话不对抗、结伴不结盟的伙伴关系，树立共同、综合、合作、可持续的全球安全观，建设普遍安全的世界。近年来，中国在朝鲜半岛、伊朗、叙利亚、阿富汗等重大问题上提出中国倡议和方案，为维护地区和平稳定、推动和平和解进程发挥了积极作用。2022 年 4 月，习近平在博鳌亚洲论坛发表的主旨演讲中提出"全球安全倡议"，强调安全是发展的前提，人类是不可分割的安全共同体。此外，新时代的中国还以更加广阔的视角，推动全球安全治理向纵深发展。习近平指出，"要秉持和平、主权、普惠、共治原则，把深海、极地、外空、互联网等领域打造成各方合作的新疆域，而不是相互博弈的竞技场。"

二、我国发展面临的外部挑战

党的二十大报告指出："面对国际局势急剧变化，特别是面对外部讹诈、遏制、封锁、极限施压，我们坚持国家利益为重、国内政治优先，保持战略定力，发扬斗争精神，展示不畏强权的坚定意志，在斗争中维护国家尊严和核心利益，牢牢掌握了我国发展和安全主动权。"应当看到，随着中国的不断发展壮大，以美国为首的西方国家对"中国崛起"充满疑虑甚至敌意，一些西方人士渲染"中国威胁"，诬称中国有称霸全球的战略意图，他们大肆挑动意识形态对抗，对中国的内政和外交政策进行"污名化"。2022 年 10 月，美国拜登政府发布《国家安全战略》报告，将中国明确称为美国面对的"最大地缘政治挑战"。美国泛化国家安全概念，滥用国家力量对全球产业链供应链进行人为干扰，妄图在经贸、科技等领域推动相关国家与中国"脱钩"，美国还加快构建针对中国的"小圈子"，在亚太地区加大对华军事遏压力度。

　　毫无疑问，中华民族伟大复兴绝不是轻轻松松、敲锣打鼓就能实现的，我国面临的国际形势和外部风险挑战日益复杂严峻，我们需要居安思危、未雨绸缪。概要而言，我国面临的外部挑战包括以下几个方面。

　　第一，"逆全球化"思潮来势汹汹，我国的对外经济合作面临挑战。2008年金融危机发生后，经济全球化进程遭遇挫折。美国等西方国家对经济全球化的"双刃剑"效应抱怨日深，认为全球化给自身带来的负面影响日增，包括就业岗位流向海外、技术优势渐被削弱、贸易逆差大幅增加、国内制造业"空心化"等。西方国家出现"逆全球化"思潮，"美国优先"等带有保护主义、单边主义色彩的政策主张大行其道，全球贸易和跨境投资等明显萎缩。美国等国推动实施针对中国的"脱钩断链"举措，力图减少在经济上对中国的依赖。当前和未来一个时期，在地缘冲突、高通胀、疫情反复等多重因素的共同作用之下，世界经济衰退隐患加剧，全球粮食安全、能源安全、债务危机等挑战日趋明显。在这种情况下，我国经济发展的外部环境或会更加严峻复杂。乌克兰危机叠加欧美对俄制裁，直接冲击了全球大宗商品市场，导致大宗商品价格大幅波动，全球供应链危机蔓延，全球金融体系的"碎片化"特征更为明显，一些发展中国家和新兴经济体的债务风险加剧，这些因素也会给我国的对外经济合作带来新的不确定性，我们必须要更加重视应对全球经济风险。此外，美国等一些西方国家推动意识形态因素与经贸政策的相互渗透，施压外国企业在供应链上减少对中国的依赖。

　　第二，大国竞争和地缘政治冲突更为激烈，我国面临的国际安全形势趋于严峻。习近平指出，"天下并不太平，和平需要保卫。"近年来，国际安全热点问题余烬复燃，地缘政治重新抬头，世界和平难言稳固。2022年年初发生的乌克兰危机是冷战结束后世界上出现的最为严重的国际安全冲突，体现了美国等西方国家与俄罗斯之间地缘政治角力的激烈性。乌克兰危机呈现出的长期化、复杂化趋势，也对全球安全格局产生重要影响，军备竞赛的阴霾笼罩世界。德国等欧洲国家纷纷提出要增加军费开支，芬兰和瑞典正式加入北约组织，国际安全形势更加不确定。同时，美国还利用欧洲国家在乌克兰危机上对中国和中俄关系的不满，持续巩固和扩展美欧对华统一阵线。美国以对欧提供安全保护为筹码，施压欧洲国家在"反华"政策上更紧密地追随美国，并不断扩大北约在涉华事务上的参与。此外，乌克兰危机还导致全球管控核冲突风险的难度进一步上升，影响国际安全的不稳定因素增加。

第三，亚太地区秩序受到新的冲击，我国维护和塑造良好周边环境的压力增大。我国所处的亚太地区是全球最具发展活力的区域，《亚洲经济前景与一体化进程 2022 年度报告》指出，2021 年亚洲经济增长强劲反弹，亚洲经济体加权实际 GDP 增速为 6.3%，经济总量占世界比重提高至 47.4%，是全球经济增长的最重要引擎。中国致力于与地区国家一道，共同构建亚太命运共同体。但树欲静而风不止，美国诬称中国要在印太地区建立"势力范围"，将中国塑造为地区安全威胁。美国通过所谓"印太战略"挑拨地区对抗，制造阵营对立，并在乌克兰危机发生后以"捆绑中俄"策略推升亚太地区国家对"中国威胁"的认知。日本、澳大利亚、印度等国在对华政策上也出现一些消极变化，美国力图与这些国家构建"有力的且相互强化的联盟网络"，对中国进行集体制衡。2022 年 6 月，日韩等国领导人赴西班牙马德里参加北约峰会，美日韩三国首脑会议也在北约峰会期间举办，这集中体现了"印太北约化"和"北约印太化"的危险趋势，将对我国的周边安全环境带来不利影响。尤其是，美国采取"以台制华"策略，美国众议长佩洛西于 2022 年 8 月窜访台湾地区，肆意挑动台海冲突。美国等国还在南海问题上兴风作浪，企图利用海洋安全、"非法捕鱼"等问题对华施压。在经济方面，亚太区域经济一体化面临挑战，美国力图借助"印太经济框架"削弱亚太地区国家与中国的联系。除了日韩澳印等美国的核心盟伴，东盟 10 个成员国中有 7 个国家选择加入"印太经济框架"。虽然"印太经济框架"无法提供关税减让和市场准入方面的实际好处，但是在数字经济、供应链重塑、基础设施等方面，会对我国的利益以及我国的国际经济影响力带来冲击，中国维护与周边国家经贸关系需要付出更大努力。

■ 相关链接：携手应对挑战　加快经济复苏——亚太经济体盼亚太经合组织为区域发展注入新动力

第四，国际多边合作面临挑战，我国参与和引领全球治理的难度加大。当今世界面临的威胁和挑战层出不穷，没有哪个国家能够独自应对人类面临的各种挑战，因此迫切需要完善全球治理，加强协调合作。党的十八大以来，中国在全球治理中的地位和作用不断提升，2017 年，第七十一届联合国大会通过关于"联合国与全球经济治理"决议，将中国提出的共商共建共享原则纳入其中。然而，美国等国却将全球治理视为大国竞争的重要领域，采取以意识形态划线的做法拼凑"小圈子"，大搞违反国际法的单边制裁和胁迫行为，侵犯别国人民权利。乌克兰危机发生后，联合国因未能制止冲突的爆发而受到质疑。乌克兰危机的当事方围绕《联合国宪章》、人道主义干预规则等问题出现严重分歧，以联合国为核心的国际体系受到严重削弱。未来一个时期主要大国在全球治理方面的较量将会更加复杂激烈。美国等西方国家挑动意识形态对立，打造所谓"民主国家联合体"，并试图削弱中国在国际组织中的影响力。美俄欧等各方关系因乌克兰危机变得更加紧张，美国甚至主张剥夺俄罗斯在二十国集团等国际组织中的地位。这种态势将阻碍全球共同应对气候变化、粮食安全、能源危机等全球性挑战，进而影响中国的国家利益和国际发展环境。

三、促进世界和平的中国特色大国外交

中国的命运与世界的命运紧密相联，中华民族伟大复兴的中国梦与人类命运共同体的梦想息息相通。世界好，中国才能好；中国好，世界才更好。习近平指出，"中国共产党是为中国人民谋幸福、为中华民族谋复兴的党，也是为人类谋进步、为世界谋大同的党。我们要拓展世界眼光，深刻洞察人类发展进步潮流，积极回应各国人民普遍关切，为解决人类面临的共同问题作出贡献，以海纳百川的宽阔胸襟借鉴吸收人类一切优秀文明

成果，推动建设更加美好的世界。"

党的二十大报告指出："从现在起，中国共产党的中心任务就是团结带领全国各族人民全面建成社会主义现代化强国、实现第二个百年奋斗目标，以中国式现代化全面推进中华民族伟大复兴。"中国式现代化是走和平发展道路的现代化。中国的发展不是传统大国崛起的翻版，更不是国强必霸的再版，而是既造福中国，也有利于世界的盛事。中国还是世界上唯一将"坚持和平发展道路"载入宪法的国家。我国坚定站在历史正确的一边、站在人类文明进步的一边，高举和平、发展、合作、共赢旗帜，在坚定维护世界和平与发展中谋求自身发展，又以自身发展更好维护世界和平与发展。

第一，继续推动构建人类命运共同体，始终坚持维护世界和平、促进共同发展的外交政策宗旨。中国自身的发展势必需要一个良好的外部环境，推动构建人类命运共同体，实质上是对中国与世界关系良性发展的战略引领，是为中华民族的伟大复兴营造更有利国际环境、争取更广阔空间，是应对当今世界多元复杂挑战、引导和推动国际秩序向积极方向演变的"中国方案"。中国人均 GDP 才刚过 1.2 万美元，排在世界 60 多位，人类发展指数的排名在 70 多位。我国首要的任务仍然是集中力量，实现更平衡、更充分的发展，满足人民日益增长的美好生活需要。我国坚持把国家和民族发展放在自己力量的基点上，同时也愿意与各国开展互利互惠合作，为自身发展创造有利外部环境。中国牢牢把握自身发展进步的命运同时，也将为人类进步的共同命运作出更大贡献。党的二十大报告指出，"构建人类命运共同体是世界各国人民前途所在。"万物并育而不相害，道并行而不相悖。只有各国行天下之大道，和睦相处、合作共赢，繁荣才能持久，安全才有保障。中国的发展还有很长的路要走。正如习近平在2022 年世界经济论坛上所指出，"在全球性危机的惊涛骇浪里，各国不是乘坐在 190 多条小船上，而是乘坐在一条命运与共的大船上。"各国只有一起划桨而非相互掣肘，彼此鼓劲而不是相互攻击，我们才能战胜当前的挑战，迈向光明的未来。

第二，坚定奉行独立自主的和平外交政策，始终根据事情本身的是非曲直决定自己的立场和政策，维护国际关系基本准则，维护国际公平正义。中华人民共和国成立以来，从未主动挑起一场战争，没有侵占别国一寸土地，坚持和平解决领土主权和海洋权益争端，同14个邻国中的12个彻底解决了陆地边界问题。中国奉行防御性的国防政策，中国的发展是世界和平力量的增长，无论发展到什么程度，中国永远不称霸、永远不搞扩张。与此同时，中国将坚决维护国家统一和领土完整，外部势力胆敢玩火挑衅，必将予以迎头痛击。中国尊重各国主权和领土完整，坚持国家不分大小、强弱、贫富一律平等，尊重各国人民自主选择的发展道路和社会制度，坚决反对一切形式的霸权主义和强权政治，反对冷战思维，反对干涉别国内政，反对搞双重标准。应看到，在核不扩散、人权等问题上西方国家奉行双重标准。比如，美国政府拼凑"美英澳三国同盟"，为澳大利亚提供核动力潜艇，这种赤裸裸的核扩散行为对于朝鲜半岛核问题等热点问题的解决将造成很深的负面影响。双重标准不仅违背国际公义，也会加剧国际冲突和矛盾。习近平明确指出，"规则应该由国际社会共同制定，而不是谁的胳膊粗、气力大谁就说了算，更不能搞实用主义、双重标准，合则用、不合则弃。"

第三，坚持在和平共处五项原则基础上同各国发展友好合作，推动构建新型国际关系，深化拓展平等、开放、合作的全球伙伴关系，致力于扩大同各国利益的汇合点。我国重视促进大国协调和良性互动，推动构建和平共处、总体稳定、均衡发展的大国关系格局。中俄双方以全方位务实合作促进共同发展，以高水平战略协作维护世界稳定，树立起大国相交、邻国相处的典范，坚定做全球稳定的支柱、维护和平的基石、公平正义的担当。为促进中美关系健康稳定发展，我们明确提出相互尊重、和平共处、合作共赢的战略框架。我们亮明"三条底线"、打出"两份清单"，要求美方不得挑战中国的道路和制度，不得阻挠中国的发展进程，不得侵犯中国的主权和领土完整。中欧在维护多边主义、加强全球治理、应对气候变化等方面拥有共同利益。我们将加强中欧高层战略沟通，坚持对话合作主导面，把准互利共赢主基调。我们将坚持亲诚惠容和与邻为善、以邻为伴周边外交方针，加强同周边国家融合发展，全面深化利益交融和民心相通，携手建设和平、安宁、繁荣、美丽、友好的共同家园。我们将秉持真实亲诚理念和正确义利观加强同发展中国家团结合作，坚定做发展中国家真诚可靠的伙伴，支持各国提升自主发展能力，捍卫发展中国家的正当发展权利。从政党外交层面看，中国共产党愿在独立自主、完全平等、互相尊重、互不干涉内部事务原则基础上加强同各国政党和政治组织交流合作，积极推进人大、政协、军队、地方、民间等各方面对外交往。

第四，坚持对外开放的基本国策，坚定奉行互利共赢的开放战略，不断以中国新发展为世界提供新机遇，推动建设开放型世界经济，更好惠及各国人民。习近平明确指出，"我们要拆墙而不要筑墙，要开放而不要隔绝，要融合而不要脱钩。"国与国之间可以公平竞争，但不应恶性竞争甚至恶意对抗。采取以邻为壑的经济政策，筑"小院高墙"，搞封闭排他的"小圈子"都是逆潮流而动。当前，全球经济复苏依然乏力，通胀压力持续上升，金融、贸易、能源、粮食、产业链供应链等各种危机接踵而至，少数国家大肆出台单边制裁举措，泛化国家安全概念，对别国经济科技发展进行打压遏制，进一步加剧了世界各国特别是发展中国家的经济困难。我国坚持经济全球化正确方向，推动贸易和投资自由化便利化，推进双边、区域和多边合作，促进国际宏观经济政策协调，共同营造有利于发展的国际环境，共同培育全球发展新动能，反对保护主义，反对"筑墙设垒""脱钩断链"，反对单边制裁、极限施压，推动经济全球化朝着更加开放、包容、普惠、平衡、共赢方向发展。我国将不断扩大高水平对外开放，以更短的负面清单、更优的营商环境、更大力度的制度型开放同世界分享中国机遇。我国正在推动落实《区域全面经济伙伴关系协定》，申请加入《全面与进步跨太平洋伙伴关系协定》和《数字经济伙伴关系协定》，这将有助于推动全球经贸合作在保护主义逆风中迈出新的步伐。

第五，积极参与全球治理体系改革和建设，践行共商共建共享的全球治理观，坚持真正的多边主义，推进国际关系民主化，推动全球治理朝着更加公正合理的方向发展。全球疫情、大国博弈、地区冲突、逆全球化等复杂因素相互交织，气候变化、粮食危机、能源匮乏、生态环境受损等全球性挑战日益严峻。特别是，全球减贫进程严重受挫，超过 8 亿人仍然生活在极端贫困之中。更令人担忧的是，发展问题在国际议程中日益被边缘化，发达国家援助义务远未落实，全球发展资源缺口巨大，如期实现可持续发展目标不容乐观。在这种情况下，必须要加强而不是削弱全球治理。中国坚定维护以联合国为核心的国际体系、以国际法为基础的国际秩序、以联合国宪章宗旨和原则为基础的国际关系基本准则，反对一切形式的单边主义，反对搞针对特定国家的阵营化和排他性小圈子。推动世界贸易组织、亚太经合组织等多边机制更好发挥作用，扩大金砖国家、上海合作组织等合作机制影响力，增强新兴市场国家和发展中国家在全球事务中的代表性和发言权。习近平提出的全球发展倡议，吹响了聚焦发展的"集结号"，有助于推动发展问题回归国际核心议程。全球发展倡议铺设了促进发展的"快车道"，为各方对接发展政策和深化务实合作搭建有效平台。该倡议为推进联合国 2030 年议程提供了"加速器"，为汇聚各方资源、破解发展难题、促进协同增效注入强劲动力。

■ **相关链接：《联合国 2030 年议程》**

第六，积极参与全球安全规则制定，加强国际安全合作，积极参与联合国维和行动，为维护世界和平和地区稳定发挥建设性作用。当前，人类还未走出新冠肺炎疫情阴霾，乌克兰危机硝烟又起，各种传统和非传统安全威胁层出不穷，和平与发展的时代主题面临严峻挑战。当今世界正前所未有地面临分裂的危险。一些国家固守冷战对抗的陈旧思维，热衷于搞排他性"小圈子""小集团"，借多边之名行单边之实，借规则之名行"双标"之实，借民主之名行霸权之实，严重破坏国际安全秩序，加重全球安全治理赤字。在经济全球化深入发展的今天，安全的内涵和外延更加丰富，时空和领域更加宽广，呈现出更加突出的联动性、跨国性、多样性，需要安全思维不断创新，安全合作与时俱进。面对地区争端、恐怖主义、气候变化、网络安全、生物安全等错综复杂的国际安全威胁，世界上没有哪个国家能独善其身，也不应让任何国家成为世界孤岛，各国必须同舟共济、携手应对，才能变压力为动力、化危机为生机，重视别人的安全，维护大家的安全，才能真正实现自己的安全。习近平提出的全球安全倡议直面世界之变，回答时代之问，在坚持共同、综合、合作、可持续的安全观基础上，进一步推动构建均衡、有效、可持续的安全架构，为消弭国际冲突根源、实现世界长治久安提供了新方向。中国愿同国际社会一道努力促进"全球安全倡议"的落实，更好守护世界和平安宁。

第七，弘扬和平、发展、公平、正义、民主、自由的全人类共同价值，促进各国人民相知相亲，尊重世界文明多样性，以文明交流超越文明隔阂、文明互鉴超越文明冲突、文明共存超越文明优越，共同应对各种全球性挑战。永续发展的世界应该承载多彩的文明，人类的现代化应当兼容多样的道路，各国都有自主选择发展道路的权利。中国主张，民主是各国人民的权利，而不是少数国家的专利；国际社会哪个国家是不是民主的，应该由国际社会共同来评判，而不应该由自以为是的少数国家来评判。制度差异不应成为制造分裂的理由，民主和人权更不应被政治化、工具化、武器化，中国反对把少数国家的价值观作为"普世价值"强加于人，反对以民主、人权为幌子干涉别国内政，阻挠别国发展。要从全人类共同福祉出发，坚持和平与发展是共同事业，公平正义是共同理想，民主自由是共同追求。要倡导不同社会制度和发展道路相互包容，在交流互鉴中取长补短，在求同存异中共同前进。一些人担忧中国会输出意识形态，威胁别国的价值观，这完全没有必要。历史上的中国就没有传教布道的做法，今天的中国也没有输出制度和道路的想法。我国将继续促进各国人民相知相亲，开展各种形式人文交流，推动我国同各国民心相通，反对虚假信息和歧视偏见。我国将不断加强和改进国际传播能力，以开放自信，谦逊包容的态度讲好中国的故事、中国人民的故事、中国共产党的故事，不断增进国际社会对中国的理解和认同，形成同我国综合国力和国际地位相匹配的国际话语权，向世界呈现一个真实、立体、全面的中国，让各国人民看到一个可信、可爱、可敬的中国。

人间正道是沧桑。中华民族伟大复兴的步伐不可阻挡，人类文明进步潮流浩荡向前。站在新的历史起点上，中国正以自身的新发展给世界提供新机遇，也必将以更加积极有为的新担当为世界和平发展注入新动力。

阅读资料

1. 王毅：《落实全球安全倡议，守护世界和平安宁》，《人民日报》2022 年 4 月 24 日。

2. 王毅：《全面推进中国特色大国外交》，《人民日报》2022 年 11 月 8 日。

3. 《服务民族复兴 促进人类进步——从"奋进新时代"主题成就展看中国特色大国外交》，新华网 2022 年 10 月 16 日。

思考题

1. 如何认识新时代中国的外交理念和影响？

2. 全球发展倡议和全球安全倡议提出的背景和内容分别是什么？

后 记

本书由《形势与政策》课题组编写。各专题作者如下：

专题一 学习贯彻党的二十大精神 奋力夺取全面建设社会主义现代化国家新胜利，韩宪洲、孙晨（首都经济贸易大学）；

专题二 新时代十年的伟大变革，王海军、潘剑瑛（中国人民大学）；

专题三 以中国式现代化全面推进中华民族伟大复兴，王海军、秦立富（中国人民大学）；

专题四 党的十八大以来我国经济发展成就及未来前景展望，牛犁、肖宏伟（国家信息中心）；

专题五 不断开辟马克思主义中国化时代化新境界——学习《习近平谈治国理政》第四卷，黄延敏、许若溪（首都师范大学）；

专题六 促进世界和平发展的大国担当，赵明昊（复旦大学）。

本书编写过程中，得到了"形势与政策"课程编写委员会的指导和有关专家学者的帮助与支持。由于时间仓促，书中缺点和疏漏在所难免，不足之处，欢迎广大读者批评指正。

2022 年 11 月